Karl Knortz

Lesebuch für deutsch-amerikanische Volksschulen

Karl Knortz

Lesebuch für deutsch-amerikanische Volksschulen

ISBN/EAN: 9783744606899

Hergestellt in Europa, USA, Kanada, Australien, Japan

Cover: Foto ©Paul-Georg Meister /pixelio.de

Weitere Bücher finden Sie auf **www.hansebooks.com**

Lesebuch

für

deutsch-amerikanische Volksschulen.

Von

Karl Knortz,

Superintendent des deutschen Unterrichts
in Evansville, Ind.

———◆———

Boston, Mass.
Druck von Karl H. Heintzemann,
Congreß-Straße 23½.
1896.

Vorbemerkung.

Noch ein neues Lesebuch! wird mancher Lehrer beim Anblick des vorliegenden Werkes ausrufen und dann die Bemerkung hinzufügen, daß dies doch in Anbetracht der bereits existierenden großen Anzahl deutsch-amerikanischer Lesebücher ein gewagtes, wenn nicht überflüssiges Unternehmen sei.

Abgesehen nun davon, daß dieses Buch ursprünglich nur zu dem Zwecke zusammengestellt wurde, um dem Bedürfnis der hiesigen Volksschulen zu genügen, so muß doch jeder erfahrene und einsichtsvolle Lehrer eingestehen, daß viele, wenn nicht alle der für die Mittel- und Oberklassen bestimmten Lesebücher dem meist trocknen und daher ermüdenden didaktischen Lesestoff im Verhältnis zu dem erzählenden, viel zu viel Raum gewidmet haben, und daß sie dadurch mehr den Charakter eines Real- als eines Lesebuches tragen, dessen Hauptaufgabe darin besteht, den Schüler mit den anziehendsten und gemütreichsten Erzeugnissen der deutschen Litteratur bekannt zu machen und dadurch die Lust am Deutschlesen zu fördern. Letzteres ist besonders insofern von größter Wichtigkeit, als wir Deutsch-amerikaner doch mehr oder weniger von dem Wunsche beseelt sind, unsere Muttersprache dahier zu erhalten.

Evansville, Ind.

Karl Knortz.

Lesebuch.

Das Männlein in der Gans.

Rückert.

1. Das Männlein ging spazieren einmal auf dem Dach; ei seht doch! Das Männlein ist hurtig, das Dach ist schmal; gebt acht, es fällt noch. Eh' sich's versieht, fällt's vom Dach herunter und bricht den Hals nicht, das ist ein Wunder.

2. Unter dem Dach steht ein Wasserzuber, hinein fällt's nicht schlecht. Da wird es naß über und über; ei, das geschieht ihm recht! Da kommt die Gans gelaufen, die wird's Männlein saufen. Die Gans hat's Männlein hinunter geschluckt, sie hat einen guten Magen; aber das Männlein hat sie doch gedrückt, das wollt' ich sagen.

3. Da schreit die Gans ganz jämmerlich, das ist der Köchin ärgerlich. Sie wetzt das Messer, sonst schneid't's ja nicht. Die Gans schreit so, es ist nicht besser als daß man sie sticht. Wir wollen sie nehmen und schlachten auf Weihnachten. Sie rupft die Gans und nimmt sie aus, und brät sie. Aber das Männlein darf nicht 'raus, versteht sich. Die Gans wird aber gebraten; was kann's dem Männlein schaden?

4. Weihnachten kommt die Gans auf den Tisch im Pfännlein. Der Vater thut sie 'raus und zerschneidet sie frisch. Und das Männlein? Wie die Gans ist zerschnitten, kriecht's Männlein aus der Mitten. Da springt der Vater vom

1

Tisch auf, da wird der Stuhl leer; da setzt das Männlein sich drauf und macht sich über die Gans her. Es sagt: „Du hast mich gefressen, nun will ich dich dafür essen."

5. Da ißt das Männlein gewaltig drauf los, als wären's seiner sieben. Da essen wir alle dem Männlein zum Trotz, und ist nichts übrig geblieben von der Gans als ein Tätz= lein; das kriegen dort hinten die Kätzlein. Nichts kriegt die Maus; das Märlein ist aus.

Die Katzen und der Hausherr.
Lichtwer.

1. Tier' und Menschen schliefen feste, selbst der Haus= prophete schwieg, als ein Schwarm geschwänzter Gäste von den nächsten Dächern stieg.

2. In dem Vorsaal eines Reichen stimmten sie ihr Lieb= chen an, so ein Lied, das Stein' erweichen, Menschen rasend machen kann.

3. Hinz, des Murners Schwiegervater, schlug den Takt erbärmlich schön, und zwei abgelebte Kater quälten sich, ihm beizustehn.

4. Endlich tanzen alle Katzen, poltern, lärmen, daß es kracht, zischen, heulen, sprudeln, kratzen, bis der Herr im Haus erwacht.

5. Dieser springt mit einem Prügel in dem finstern Saal herum, schlägt um sich, zerstößt den Spiegel, wirft ein Dutzend Tassen um.

6. Stolpert über ein'ge Späne, stürzt im Fallen auf die Uhr, und zerbricht zwei Reihen Zähne: Blinder Eifer schadet nur.

Der Hahn.

Hey.

1. Horch, horch! Der Hahn ist auch schon wach! So früh, Herr Hahn? — Kaum graut der Tag, da kommt mit stolzen Schritten der Hahn einhergeschritten.

2. Und Kikriki! Hof ein und aus, da muß der höchste Ton heraus. Er kann sich nicht bezwingen, sein Morgenlied zu singen.

3. Ja, ja, ich hör' es, wackrer Hahn, du kündest uns den Morgen an, und mahnst uns durch dein Krähen frühzeitig aufzustehen.

4. Du rufst uns zu: „Die Morgenstund', ihr Leute, die hat Gold im Mund'; steht auf, ihr fleiß'gen Kinder, jetzt lernt ihr viel geschwinder!"

5. Drum kräh' nur fort durch Hof und Haus, in einem Nu bin ich heraus! Magst nun die Faulen wecken, die sich erst lange strecken.

Der Esel.

Claudius.

1. Hab' nichts, mich dran zu freuen, bin dumm und ungestalt, ohn' Mut und ohn' Gewalt. Mein spotten und mich scheuen die Menschen jung und alt; bin weder warm noch kalt.

2. Hab' nichts, mich dran zu freuen, bin dumm und ungestalt, muß Stroh und Disteln käuen, werd' unter Säcken alt. Ach, die Natur schuf mich im Grimme! Sie gab mir nichts als eine schöne Stimme.

Die zwei Hunde.

Talmud.

Zwei Hunde, welche sich bei einer Herde befanden, lebten mit einander in Streit. Da kam ein Wolf und griff den einen von ihnen an; allein der andere sprach: „Wenn ich jetzt meinem Bruder nicht beistehe, so erwürget er heute ihn, und morgen kommt er über mich."

Deshalb eilte er zu dem Angegriffenen und stand ihm bei; sie erwürgten nun den Wolf gemeinsam.

Kätzchen.

1. Kätzchen, nun müßt ihr auch Namen haben, jedes nach seiner Kunst und Gaben. Sammetfell heiß' ich dich, jenes dort Leiseschlich, dieses da Fangemaus, aber dich Töpfchenaus.

2. Und sie wurden gar schön und groß. Sammetfell saß gern auf dem Schoß, unter das Dach schlich Fangemaus, Leiseschlich lief in die Scheune hinaus, Töpfchenaus suchte in der Küche ihr Brot, machte der Köchin gar viele Not.

Das Kätzchen.

Pfeffel.

1. Ein unerfahrenes Kätzchen sah zum erstenmal den Mond im vollsten Lichte prangen, und sprach entzückt zum Großpapa: „Sieh an der Decke dort den schönen Käse hangen! O hätten wir ihn doch!"

2. „Ei, lerne, blöder Fant," versetzte der Großpapa, „für's erste Mäuse fangen; die sind uns näher bei der Hand!"

Nachtigall und Pfau.

Lessing.

1. Eine gesellige Nachtigall fand unter den Sängern des Waldes Neider die Menge, aber keinen Freund. Vielleicht finde ich ihn unter einer anderen Gattung, dachte sie, und flog vertraulich zu dem Pfau herab.

2. „Schöner Pfau, ich bewundere dich!“ — „Ich dich auch, liebe Nachtigall!“ — „So laß uns Freunde sein,“ sprach die Nachtigall weiter; „wir werden uns nicht beneiden dürfen; du bist dem Auge so angenehm wie ich dem Ohre.“

Also wurden Nachtigall und Pfau gute Freunde.

Roß und Stier.

Lessing.

1. Auf einem feurigen Rosse flog stolz ein dreister Knabe daher. Da rief ein wilder Stier dem Rosse zu: „Schande! Von einem Knaben ließ ich mich nicht regieren!“

2. „Aber ich!“ versetzte das Roß, „denn was für Ehre könnte es mir bringen, einen Knaben abzuwerfen?“

Eiche und Schwein.

Lessing.

1. Ein gefräßiges Schwein mästete sich unter einer hohen Eiche mit der herabgefallenen Frucht. Indem es die eine Eichel zerbiß, verschluckte es bereits eine andere mit dem Auge.

2. „Undankbares Vieh!" rief endlich der Eichbaum herab; „du nährst dich von meinen Früchten, ohne einen einzigen dankbaren Blick auf mich in die Höhe zu richten."

3. Das Schwein hielt einen Augenblick inne und grunzte zur Antwort: „Meine dankbaren Blicke würden nicht unterbleiben, wenn ich nur wüßte, daß du deine Eicheln meinetwegen hättest fallen lassen."

Wer kann am meisten essen?

Hottentottenfabel.

1. Der Elephant und die Ziege hatten einst einen Streit, wer von ihnen am längsten grasen könne. Der Löwe, an den sie sich wandten, damit er ihren Streit schlichte, gebot ihnen, mit ihm in den Wald zu kommen. Dort angekommen, sprach er: „Ihr sollt nun hier grasen; der Elephant grase zu meiner Rechten, die Ziege zu meiner Linken. Hernach werde ich mein Urteil fällen."

2. Die Tiere gehorchten. Der Elephant knickte mit seinem Rüssel die stärksten Bäume um und fraß die Blätter ab, wobei er die kleine Ziege laut verlachte. Diese graste unverdrossen weiter und sagte: „Wir wollen schon sehen; warte nur."

3. Als die Sonne unterging, sagte der Elephant: „Ich dächte, wir gingen ein wenig zur Ruhe." „Ich habe noch lange nicht genug," murrte die Ziege; „laß uns bis Mitternacht grasen." Mitternacht kam endlich heran, und der Löwe sagte: „Kommt nun mit mir auf jenen Felsen und laßt uns ruhen!"

4. Alle drei legten sich nun auf den weiten, nackten Felsen nieder, auf dem kein grüner Halm wuchs. Der Elephant hatte sich den bequemsten Platz ausgesucht. Bald schliefen alle, die Ziege aber kaute wieder und von dem dadurch entstehenden Geräusch erwachte der Löwe. „Was machst du da!" rief er. „Ich esse," war die Antwort.

5. „Was issest du denn?" rief der Elephant. „Ich esse den Felsen," entgegnete die Ziege; „Grünes sehe ich hier nicht." Da sagte der Löwe: „Kommt nun beide her, daß ich den Streit zwischen euch schlichte." Der Elephant und die Ziege gehorchten; letztere aber kaute noch immer wieder. „Die hat noch lange nicht genug," murmelte der Elephant.

6. Der Löwe gab darauf sein Urteil. „Die Ziege," sagte er, „soll unter den Menschen wohnen; da sie allein nicht satt werden kann, so mögen die Menschen ihr dazu behilflich sein. Der Elephant aber, der die Zäune und Häuser der Menschen beschädigt, darf nicht unter ihnen weilen. Er gehe in den Wald und bleibe dort, denn die Ziege hat ihn im Essen überwunden. Nimm dich vor ihr in acht, Elephant; sie, die vom Felsen gegessen, wird dich gewiß auch vertilgen."

7. Da enteilte der Elephant in den Wald, suchte den Leoparden auf und sprach zu ihm: „Leopard! Ich gebe die Ziege in deine Gewalt; fange sie ein und töte sie! Wenn sie mich findet, wird sie mich sicherlich fressen: dar= um töte sie, wenn du kannst."

8. Seit dieser Zeit streift der Elephant einsam im Walde umher; der Leopard aber stellt der Ziege nach, die der Elephant in seine Gewalt gegeben hat.

Reitpferd und Ackergaul.

Meißner.

1. Ein edles, schöngebautes Pferd, von Jugend auf in allen denjenigen Künsten geübt, wodurch man das bessere Pferd vom Haufen gemeiner Lasttiere auszeichnet, hatte das Unglück, seinen Herrn zu verlieren und an einen Bauern verkauft zu werden.

2. Unwillig sah dieses treffliche Geschöpf sich nun in seinem neuen Dienste zur niedrigsten Arbeit verdammt; unwillig zog es jetzt den Ackerpflug, und um dasselbe noch tiefer zu kränken, spotteten seiner die anderen neidischen Karrengäule beim kleinsten Fehler. „Sollte man's denken?" rief einer derselben, als es nicht schnell genug die Furchen zog, „so schön gewachsen, so viel sich dünkend und doch so ungeschickt!"

3. „Schweig, Elender!" antwortete das Roß. „Eben weil ich mich zu besseren Geschäften bestimmt fühle, bin ich zu diesem hier unfähig. Es gehört eine niedere Seele dazu, um gewisse niedere Arbeiten gut und ganz auszuführen."

Der Esel und der Wolf.

Lessing.

1. Ein Esel begegnete einem hungrigen Wolfe. „Habe Mitleid mit mir," sagte der zitternde Esel; „ich bin ein armes, krankes Tier; sieh nur, was für einen Dorn ich mir in den Fuß getreten habe."

2. „Wahrhaftig, du dauerst mich," verſetzte der Wolf, „und ich finde mich in meinem Gewiſſen verbunden, dich von dieſen Schmerzen zu befreien." Kaum war das Wort geſagt, ſo war der Eſel zerriſſen.

Die Elſter und ihre Kinder.

W. Grimm.

1. Eine Elſter führt ihre Kinder aufs Feld, damit ſie lernen, ſelbſt ihre Nahrung zu ſuchen. Das gefällt ihnen nicht; ſie wollen lieber ins Neſt zurück, wo ſie es bequemer haben, weil die Mutter die Speiſe im Schnabel herbei= tragen ſoll.

2. „Meine Kinder," ſpricht ſie, „ihr ſeid groß genug, euch ſelbſt zu ernähren; meine Mutter hatte mich viel früher aus= gewieſen."

3. „Aber die Jäger werden uns töten," antworteten die Kinder. — „Nein, nein," ſpricht ſie, „es gehört Zeit zum Zielen; wenn ihr ſeht, daß ſie die Flinte in die Höhe heben und an das Geſicht legen, um abzudrücken, ſo fliegt davon."

4. „Das wollen wir wohl thun; aber wenn einer einen Stein nimmt und nach uns werfen will, wozu doch kein Zielen nötig iſt, wie dann?"

5. „Ihr könnt ja ſehen, wie er ſich bückt, wenn er den Stein aufheben will," ſagte die Alte.

6. „Aber wie, wenn er den Stein beſtändig in der Hand trägt und jeden Augenblick zum Schleudern bereit iſt?"

7. „Ei, was ihr nicht alles wißt," ſpricht die Mutter; „ihr könnt ſchon für euch ſelbſt ſorgen." Damit fliegt ſie weg und läßt ſie allein.

Grille und Schmetterling.

Löhn.

1. Es saß eine kleine Grille im Grase und sah einen nied=
lichen Schmetterling von Blumen zu Blumen fliegen. Wie
sehr beneidete sie den Schmetterling um seine Schönheit und
das herrliche Farbenspiel auf seinen Flügeln. „Ach,“ seufzte
sie, „warum bin ich nicht so schön wie er, warum muß ich
ihm in allen Stücken so weit nachstehen? Ich bin hier
unbekannt und verachtet.“

2. Über die Wiese daher kam eine ganze Schar Kinder,
Knaben und Mädchen. „Heida!“ schrieen sie, als sie den
Schmetterling erblickten; „seht doch den schönen Schmetter=
ling, den müssen wir haben!“ Gleich ging's mit Hüten,
Tüchern, Netzen und Händen hinter dem Schmetterlinge her,
welcher auch endlich gefangen wurde, so sehr er auch zu
entwischen versuchte. Ein Knabe brach ihm unvorsichtig
den einen Flügel beim Zugreifen ab, und ein anderer
drückte ihm das kleine Köpfchen ein.

3. Die Grille hatte alles mit angesehen. „Ach,“ sagte sie,
„wenn diese Pracht und dieser Schimmer so viele Qual
im Gefolge haben, dann ist es gut, daß ich verachtet werde.“

Die Hasen und die Frösche.

Meißner.

1. Die Hasen wurden einst über ihre mißliche Lage äußerst
unzufrieden. — „Leben wir nicht,“ sprach einer von ihnen,
„in unaufhörlicher Furcht vor Menschen, Hunden, Raub=
tieren und Raubvögeln?

2. Sind wir nicht eine Beute von allen diesen, sobald und so oft es ihnen beliebt? Und ist es nicht besser, einmal für allemal zu sterben, als in einer steten Angst zu leben, die ärger quält, als selbst der Tod?"

3. Die Worte des Redners fanden Eingang: es ward beschlossen, daß sie sich alle, sogleich und zusammen, ersäufen wollten. Ein naher Teich sollte ihr Kirchhof werden, und sie eilten alsbald spornstreichs darauf zu.

4. Das große Geräusch ihres Laufens, und auch ihre Gestalt selbst erschreckte eine Menge Frösche, die am Ufer saßen, und jetzt aufs Schnellste ins Wasser sprangen.

5. „Ha! was war das?" rief einer der ansehnlichsten Hasen aus: „Wie ich sehe, giebt es doch noch Geschöpfe, die sich vor uns eben so stark, als wir vor unsern Feinden fürchten. Noch sind also unsere Umstände so ganz verzweifelt nicht! Noch könnten wir, dächte ich, diesen Wasser- tod ein wenig aufschieben!"

6. Ein Vorschlag, der befolgt ward, und der das Geschlecht der Hasen bis auf diesen Tag erhielt!

7. Auch in schweren Trübsalen laß Unzufriedenheit dich nicht hinreißen; blicke dann unter deinen Nebenmenschen umher, und du wirst gewiß einige finden, mit deren Schicksale du nicht tauschen möchtest. Mit diesen vergleiche, durch diese tröste dich!

———·—·———

Die Frösche.

Goethe.

1. Ein großer Teich war zugefroren; die Fröschlein, in der Tiefe verloren, durften nicht ferner quaken noch springen,

versprachen sich aber im halben Traum, fänden sie nur da oben Raum, wie Nachtigallen wollten sie singen.

2. Der Tauwind kam, das Eis zerschmolz, nun ruder'
sie und landeten stolz, und saßen am Ufer weit und breit und quakten wie vor alter Zeit.

Mutter Schwalbe.

Dieffenbach.

1. Die Schwalbe hat mit Müh und Fleiß ihr Häuschen sich erbaut, hat unterm Dach es festgeklebt, nun jubelt auch laut.

2. Sie schlüpfet wohl den ganzen Tag gar vielmal ein und aus, bringt Stroh und Federn zu dem Bett ins kleine, neue Haus.

3. Dann legt sie kleine Eier auch ins warme Nest hinein; draus schlüpfen um die Sommerzeit die nackten Vögelein.

4. Die sperren gleich die Schnäblein auf, nach Futter schreien sie; da hat Frau Schwalbe viel zu thun, ist fleißig spät und früh.

5. Sie haschet Fliegen in der Luft und Mücken auch dazu, und bringt sie ihren Kindern heim, die fressen sie im Nu.

6. Und wenn die Vöglein flügge sind, dann ziehn sie aus dem Haus, und wird's erst kalt, dann fliegen sie ins ferne Land hinaus.

Die Sonne und die Tiere.

Willamow.

1. „O Sonne, scheine nicht so heiß; ich muß vor Mattig= keit und Schweiß bei meiner Arbeit schier erliegen!" So rief der Esel.

2. „Dank für deinen Schein, o Sonne!" rief die Schlange; „...t Vergnügen leg' ich mich stundenlang hinein!"

3. Die Eule schrie: „Verschone mein Gesicht mit deinem ...aßten Licht, o Sonne! Kann ich doch kein Schlupf= ...g finden, wohin dein Strahl nicht dringt! Ich muß ...linden!"

4. „Wohlthätige Sonne, sei mir lange noch geneigt!" rief die Feldmaus; „es reifen meine Ähren, vollauf kann ich mich wieder nähren."

Die Sonne hörte zu, schien fort und schwieg.

Für die Nachkommen.

Müllendorff.

1. Ein alter Mann pflanzte in seinem Garten ein ganz kleines Baumreis. Einer seiner Freunde sah dies und sprach: „Wenn das groß sein und Früchte tragen wird, wirst du längst den Würmern zur Speise gedient haben."

2. Darauf erwiderte der Alte: „Wir essen jetzt das Obst der Baumreiser, die von denen gepflanzt wurden, die vor uns auf der Welt waren. Das Obst dieses Reises sollen jene essen, die nach uns kommen."

Lied von den grünen Sommervögelein.

Rückert.

1. Es kamen grüne Vögelein geflogen her vom Himmel, und setzten sich im Sonnenschein in fröhlichem Gewimmel all' an des Baumes Äste, und saßen da so feste, als ob sie angewachsen sei'n.

2. Sie schaukelten in Lüften lau auf ihren schwanken Zweigen; sie aßen Licht und tranken Tau, und wollten auch nicht schweigen; sie sangen leise, leise auf ihre stille Weise von Sonnenschein und Himmelblau.

3. Wenn Mitternacht auf Wolken saß, so schwirrten sie erschrocken; sie wurden von dem Regen naß und wurden wieder trocken; die Tropfen rannen nieder vom grünenden Gefieder, und desto grüner wurde das.

4. Da kam am Tag der scharfe Strahl, ihr grünes Kleid zu sengen, und nächtlich kam der Frost einmal, mit Reif es zu besprengen. Die armen Vögel froren, ihr Frohsinn war verloren; ihr grünes Kleid war bunt und fahl.

5. Da trat ein starker Mann zum Baum und fing nun an zu schütteln, vom obern bis zum untern Raum mit Schauer zu durchrütteln. Die bunten Vöglein girrten und auseinander schwirrten; wohin sie flogen, weiß man kaum.

***

Der Winter.

Claudius.

1. Der Winter ist ein rechter Mann, kernfest und auf die Dauer; sein Fleisch fühlt sich wie Eisen an, und scheut nicht süß, noch sauer.

2. War je ein Mann gesund, ist er's! Er krankt und kränkelt nimmer; er badet sich am Eis des Meers und schläft in kaltem Zimmer.

3. Aus Blumen und aus Vogelsang weiß er sich nichts zu machen, haßt warmen Trank und warmen Klang, und alle warmen Sachen.

4. Doch wenn die Füchse bellen sehr, wenn's Holz im Ofen knittert, und an dem Ofen Knecht und Herr die Hände reibt und zittert;

5. Wenn Stein und Bein vor Frost zerbricht und Teich' und Seen krachen, das klingt ihm gut, das haßt er nicht, dann will er tot sich lachen.

6. Sein Schloß von Eis liegt weit hinaus beim Nord= pol an dem Strande; doch hat er auch ein Sommerhaus im lieben Schweizerlande.

7. Da ist er denn bald dort, bald hier, gut Regiment zu führen; und wenn er durchzieht, stehen wir und sehn ihn an und frieren.

Sehnsucht nach dem Frühling.

1. O, wie ist es kalt geworden und so traurig, öd' und leer! Rauhe Winde wehn von Norden, und die Sonne scheint nicht mehr.

2. Auf die Berge möcht' ich fliegen, möchte sehn ein grünes Thal, möcht' in Gras und Blumen liegen, und mich freu'n am Sonnenstrahl.

3. Schöner Frühling, komm' doch wieder! Lieber Früh= ling, komm' doch bald! Bring' uns Blumen, Laub und Lieder, schmücke wieder Feld und Wald!

4. Ja, du bist uns treu geblieben, kommst nun bald in Pracht und Glanz, bringst nun bald all' deine Lieder, Sang und Freude, Spiel und Tanz.

Erdbeerlied.

Krummacher.

1. Ein Mägdlein an des Felsen Rand ein nacktes Erd=beersträuchlein fand, von Sturm und Regengüssen zerzaust und losgerissen. Da sprach das Mägdlein leise: „Du arme, nackte Waise, komm' mit mir in das Gärtchen mein, du sollst mir wie ein Kindlein sein!"

2. Drauf macht es wohl die Würzlein los, und trug das Pflänzlein in dem Schoß, und spähte still und wonnig ein Plätzchen, kühl und sonnig, und wühlte in der Erde mit emsiger Geberde, und pflanzte nun das Pflänzchen drein, und sprach: „Das soll dein Bettchen sein!"

3. Und als die Frühlingszeit erschien, begann das Pflänzchen schön zu blühn, wie sieben weiße Sterne, Das sah das Mädchen gerne; die wurden sieben Beeren, als ob's Rubinen wären. „Gelt," sprach es, „es will dank=bar sein, und meint, ich sei sein Mütterlein."

Winter und Frühling.

Indianische Parabel.

1. Es war Winter. Überall war es tot und öde, und das Einzige, was man hörte, war der kalte Nordwind, der die hohen Bäume schüttelte und den Schnee vor sich hertrieb.

2. Am Ufer eines gefrorenen Flusses stand ein halb zerfallener Wigwam, aus dem nur noch ein wenig Rauch aufstieg; denn der alte Greis, der ihn bewohnte, war so schwach und erschöpft, daß er sich die Schneeschuhe nicht mehr umbinden konnte, noch viel weniger war er im Stande, einen Baumstamm umzuhauen und heimzuschleppen.

3. Als seine letzten Kohlen am Verlöschen waren und er seiner baldigen Erstarrung entgegen sah, hüpfte plötzlich ein junger, federleichter Mann zu ihm herein. Seine Wangen strahlten von Jugendfülle und Jugendkraft; aus seinen Augen funkelte allbeglückende Liebe und ein unschuldiges Lächeln umspielte seine Lippen. Seine Stirn umgab ein lieblicher Kranz von frischem Waldgrase, und in jeder Hand hielt er einen duftenden Strauß frischer Frühlingsblumen.

4. „O, du guter, schöner Fremdling,“ sagte der Greis, „setze dich eine Weile zu mir und erzähle mir von dem fernen Lande, aus welchem du kommst. Laß uns die Nacht zusammen bleiben und ich werde dir auch sagen, was ich alles thun kann.“ Darauf stopfte er seine beste Pfeife und die Unterhaltung begann.

5. „Wenn ich atme,“ sagte der Alte, „stehen Bäche und Flüsse still, und ihr Wasser wird wie Krystall so hart und rein.“

6. „Der Hauch meines Mundes macht Berge und Thäler grün,“ erwiderte der Jüngling.

7. „Wenn ich meine weißen Locken schüttle, so deckt Schnee das ganze Land und alle Blätter fallen von den Bäumen. Mein Atem treibt die Vögel in ein fremdes Land, die wilden Raubtiere verbergen sich vor ihm und die Erde wird so hart wie Feuerstein.“

8. „Doch wenn ich, Großvater, meine Locken schüttle, so ergießt sich ein belebender Regen auf die Erde; die Pflanzen strecken ihre zarten Köpflein heraus und sehen so munter drein wie unschuldige Kinderaugen. Mein Ruf bringt die Vögel wieder zurück; mein Atem taut Bäche und Ströme auf, und wohin du dann siehst, erblickst du die rechte Freude."

9. Der Alte schwieg. Allmählich ging die Sonne auf und verbreitete eine angenehme Wärme. Rotbrust und Blauvogel sangen, die Flüsse erwachten aus ihrer winterlichen Erstarrung, und Blumen und Kräuter schossen lustig aus der weichen Erde empor.

10. Der Tag zeigte den wahren Charakter des Greises vollständig; denn als ihn der Jüngling aufmerksam betrachtete, hatte er nur das eisige Bild des Winters vor sich. Seine Augen tropften; er wurde immer kleiner und kleiner, bis er sich zuletzt ganz und gar auflöste.

Das Hirsekorn.

J. Haltrich.

1. Es war einmal ein armer Junge, der hatte von seiner Mutter, als sie starb, ein einziges Hirsekorn geerbt, und das war sein ganzer Reichtum. Da er nun weder Vater noch Mutter zu verlassen hatte, so meinte er, die Welt sei groß und schön und er wolle sich daher ein wenig umschauen. Er nahm also sein Hirsekorn und wanderte fort.

2. Bald begegnete er einem alten Manne mit breitem Hute und grauem Mantel. „Gott grüß euch, alter Groß=

vater!" sprach der Junge. „Schönen Dank!" erwiderte der Mann; „wo willst du hin?" „Auf Reisen!" sprach der Junge, „und ich trage all mein Gut bei mir; es ist ein Hirsekorn. Wird es mir nicht gestohlen werden?" Da jammerte den Mann des armen Knaben und er sprach: „Sei unbesorgt, mein Kind; du wirst es zwar verlieren, aber dadurch gewinnen!"

3. Am Abend desselben Tages kam der Junge in ein Dorf, klopfte bei einem Bauern an und bat um Nachtherberge, die ihm auch gewährt wurde. Als er nun schlafen ging, legte er das Hirsekorn aufs Fensterbrett und sprach zu dem Wirte: „Dies ist mein ganzer Reichtum; wird er mir nicht gestohlen werden?" „Schlafe ruhig, mein Sohn, es wird dir in meinem Hause kein Schaden geschehen!"

4. Am Morgen, als die Sonne ins Fenster schien, glänzte das Hirsekorn und der Haushahn, der im Hofe herumging und Körner suchte, flog hin und pickte es auf. Eben war der Knabe erwacht und erblickte den Hahn auf dem Fenster, wie er sein Hirsekorn verschluckte. Da fing er an zu weinen und zu klagen. Der Bauer tröstete ihn und sprach:

> „Der Hahn ist dein,
> Hat er gefressen das Hirselein."

5. Nun war der Knabe froh, nahm den Hahn und wanderte weiter. Abends kam er wieder in einem Dorfe zu einem Bauer, bat um Herberge und sprach: „Der Hahn ist mein ganzer Reichtum; wird er mir nicht gestohlen werden?" „Schlafe ruhig, mein Sohn," sprach der Wirt, „auf meinem Hofe darf dir nichts gestohlen werden."

6. Früh morgens aber ging der Hahn auf dem Hofe herum und suchte sich Körner; als er nun einige gefunden hatte,

sah dies das Schwein des Bauern, packte den Hahn und zerbiß ihn; die Körner aber fraß es selbst.

7. Als der Knabe am Morgen nach seinem Hahn sah, da fing er an zu jammern und zu klagen: „O weh, das Schwein hat meinen Hahn zerbissen!" Da tröstete ihn der Bauer und sprach:

> „Nimm hin das Schwein,
> Es sei nun dein,
> Hat's den Hahn dir zerbissen."

8. Da band ihm der Wirt ein Seil an den Fuß und der Junge zog weiter. Abends kam er wieder in ein Dorf und wurde abermals von einem Bauern freundlich aufgenommen. „Mein ganzer Reichtum ist dies Schwein," sagte er zu dem Wirt; „wird es mir nicht gestohlen werden?" „Schlafe ruhig, mein Sohn; auf meinem Hofe darf dir kein Schaden geschehen."

9. Als aber am Morgen eine Kuh das Schwein im Hofe sah, lief sie auf dasselbe los und stieß es mit ihren Hörnern tot. Der Knabe erwachte bald, ging hinaus und sah sein Unglück. Da fing er an zu jammern, doch der Bauer tröstete ihn und sprach:

> „Die Kuh ist dein,
> Hat sie das Schwein
> Dir getötet."

10. Nun band er ihr ein Seil um den Hals und gab sie dem Knaben. Dieser wanderte jetzt fröhlich weiter und gelangte abends auf einen Edelhof und bat um Herberge; dieselbe wurde ihm auch gerne gewährt. Der Knabe aber sprach ganz unterthänig zum Herrn des Hofes, als er schlafen ging: „Mein ganzer Reichtum ist diese Kuh; wird sie mir nicht

gestohlen werden?" „Schlafe ruhig, armer Junge; auf meinem Hofe soll dir kein Schaden geschehen."

11. Als am Morgen die Pferde zur Tränke geführt wurden, erblickte eins derselben die fremde Kuh und schlug sie mit seinen Hufen tot. Da fing der Junge an zu jammern und zu klagen, doch der Edelmann tröstete ihn und sprach:

> „Nimm das Pferd für die Kuh,
> Und den Zaum dazu."

12. Da setzte sich der Junge auf das stattliche Roß und ritt fort in die weite Welt. Er verrichtete viele Heldenthaten, befreite zuletzt eine Königstochter und ward dann selber König. Seht ihr's, was aus einem armen Jungen werden kann, wenn er Glück hat!

Das Lied vom Samenkorn.
Krummacher.

1. Der Sämann streut aus voller Hand den Samen auf das weiche Land, und wundersam, was er gesät, das Körnlein wieder aufersteht.

2. Die Erde nimmt es in den Schoß und wickelt es im Stillen los; ein zartes Keimchen kommt hervor und hebt sein rötlich Haupt empor.

3. Es steht und frieret, nackt und klein, und fleht um Tau und Sonnenschein; die Sonne schaut von hoher Bahn der Erde Kindlein freundlich an.

4. Bald aber nahet Frost und Sturm, und scheu ver-

birgt sich Mensch und Wurm; das Körnlein kann ihm nicht entgehn und muß in Wind und Wetter stehn.

5. Doch schadet ihm kein Leid noch Weh; der Himmel deckt mit weißem Schnee der Erde nacktes Kindlein zu; dann schlummert es in stiller Ruh.

6. Bald flieht des Winters trübe Nacht; die Lerche singt, das Korn erwacht; der Lenz heißt Bäum' und Wiesen blühn und schmückt das Feld mit frischem Grün.

7. Voll kranser Ähren, schlank und schön muß nun die Halmensaat erstehn, und wie ein grünes, stilles Meer wogt sie im Winde hin und her.

8. Dann schaut vom hohen Himmelszelt die Sonne auf das Ährenfeld; die Erde ruht in stillem Glanz, geschmückt mit goldnem Ährenkranz.

9. Die Ernte naht, die Sichel klingt, die Garbe rauscht; gen Himmel dringt der Freude lauter Jubelsang, des Herzens stiller Preis und Dank.

Der Flachs.

H. C. Andersen.

1. Der Flachs stand in Blüte; er hatte so niedliche blaue Blumen, zart wie die Flügel einer Motte, und noch viel feiner! Die Sonne schien auf den Flachs, und die Regenwolken begossen ihn; und dies war eben so gut für ihn, wie es für kleine Kinder ist, gewaschen zu werden und darauf einen Kuß von der Mutter zu bekommen; sie werden alsdann viel schöner und das wird der Flachs auch.

2. „Die Leute sagen, daß ich ausgezeichnet gut stehe," sagte der Flachs, „und daß ich so schön lang werde; es wird

ein tüchtiges Stück Leinwand aus mir werden. Nein, wie glücklich bin ich doch! Wie der Sonnenschein erfreut, und wie der Regen gut schmeckt und erfrischt!"

3. Eines Tages kamen Leute, die nahmen den Flachs beim Schopf und zogen ihn mit der Wurzel aus; das that weh. Er ward dann ins Wasser gelegt, als ob er ersäuft werden sollte, und dann kam er übers Feuer, als wollte man ihn braten — es war ganz gräulich!

4. „Man kann es nicht immer gut haben," sagte der Flachs; „man muß etwas durchmachen, dann weiß man etwas!"

5. Aber es kam allerdings schlimm; der Flachs ward an= gefeuchtet, geröstet, gebrochen und gehechelt. Er kam aufs Spinnrad — schnurr, schnurr! Da war es nicht möglich, die Gedanken beisammen zu halten.

6. „Ich bin außerordentlich glücklich gewesen!" dachte er bei aller seiner Pein; „man muß zufrieden sein mit dem Guten, das man genossen hat! — Zufrieden!"· Und das sagte er noch, als er auf den Webstuhl kam und zu einem großen, dünnen Stück Leinwand ward.

7. „Habe ich auch etwas gelitten," sprach nun der Flachs, „so ist doch auch aus mir etwas geworden. Ich bin so stark und so fein, so weiß und so lang! Das ist etwas anderes als bloß Pflanze zu sein, wenn man auch Blumen trägt; man wird nicht gepflegt, und Wasser bekommt man nur, wenn es regnet. Jetzt werde ich gewartet und gepflegt; die Magd wendet mich jeden Morgen um, und aus der Gieß= kanne bekomme ich jeden Abend ein Regenbad."

8. Nun kam die Leinwand ins Haus, aber unter die Schere; nein, wie man schnitt und riß, wie man mit Näh= nadeln darauf losstach! Das war kein Vergnügen; aber

aus der Leinwand wurden zwölf Stück Wäsche, von der Sorte, die man nicht gerne nennt, die aber alle Menschen haben müssen.

9. Jahre vergingen, da hielten sie nicht länger und wurden in Stücke und Fetzen zerrissen. Sie glaubten, daß es nun ganz vorbei sei, denn sie wurden zerhackt, eingeweicht und gekocht, ja, sie wußten selbst nicht, was alles — und dann wurden sie schönes weißes Papier.

10. „Das ist eine herrliche Überraschung!" sagte das Papier. „Nun bin ich feiner als vorhin, und nun wird auf mir geschrieben werden! Was kann nicht alles geschrieben werden!"

11. Es wurden wirklich die allerschönsten Geschichten und Verse darauf geschrieben; dieselben machten die Leute klüger und weiser. Es lag ein großer Segen in den Worten auf diesem Papier.

12. „Das ist mehr als ich mir träumen ließ, da ich noch eine kleine blaue Blume auf dem Felde war! Wie konnte es mir einfallen, daß ich dereinst Freude und Kenntnisse unter die Menschen bringen sollte. Ich kann es selbst noch nicht begreifen, aber es ist so!"

13. Nun kam das Papier zum Buchdrucker; und da ward alles, was darauf geschrieben stand, zum Druck gesetzt zu einem Buche, ja, zu vielen hundert Büchern, denn auf diese Weise konnten so unendlich viele mehr Nutzen und Vergnügen davon haben, als wenn das einzige Papier, auf dem es geschrieben stand, in der Welt hätte herumlaufen sollen und auf halbem Wege abgenutzt worden wäre.

Konsonanten und Vokale.

Wunderhorn.

1. Rate, was ich habe vernommen: Es sind achtzehn fremde Gesellen ins Land gekommen, zu malen schön und säuberlich; doch keiner einem andern glich. All' ohne Fehler und Gebrechen, nur konnte keiner ein Wort sprechen, und damit man sie sollte verstehn, hatten sie fünf Dol= metscher mit sich gehn. Das waren hochgelehrte Leut'.

2. Der erst' erstaunt, reißt's Maul auf weit, der zweite wie ein Kindlein schreit, der dritte wie ein Mäuslein pfiff, der vierte wie ein Fuhrmann rief, der fünfte wie ein Uhu thut; das waren ihre Künste gut; damit erhoben sie ein Geschrei; füllt noch die Welt, ist nicht vorbei.

Der Dornstrauch.

Lessing.

1. „Aber sage mir doch," fragte die Weide den Dorn= strauch, „warum du nach den Kleidern der vorbeigehenden Menschen so gierig bist? Was willst du damit? Was können sie dir helfen?"

2. „Nichts!" sagte der Dornstrauch. „Ich will sie ihnen auch nicht nehmen; ich will sie ihnen nur zerreißen."

Der große Birnbaum.

Chr. Schmid.

1. Der alte Rupert saß eines Nachmittags im Schatten eines Birnbaumes vor seinem Hause; seine Enkel aßen

von den Birnen, und konnten die süßen Früchte nicht ge=
nug loben.   Da sagte der Großvater: „Ich muß euch doch
erzählen, wie der Baum hierher kam.   Vor mehr als
fünfzig Jahren stand ich einmal hier, wo jetzt der Baum
steht, und klagte dem reichen Nachbar meine Armut. ‚Ach,‘
sagte ich, ‚ich wollte zufrieden sein, wenn ich mein Ver=
mögen nur auf hundert Thaler bringen könnte.‘

2. Der Nachbar, der ein kluger Mann war, sprach:
‚Das kannst du leicht, wenn du es nur richtig anfängst.
Sieh' auf dem Plätzchen, worauf du jetzt stehst, stecken
mehr als hundert Thaler in dem Boden.   Mache nur,
daß du sie herausbringst.‘

3. Ich war damals noch ein unverständiger, junger
Mensch, und grub in folgender Nacht ein großes Loch in
den Boden, fand aber zu meinem Verdrusse keinen einzigen
Thaler.   Als der Nachbar am folgenden Morgen das
Loch sah, lachte er, daß er sich beide Seiten hielt, und
sagte: ‚O du einfältiger Mensch, so war es nicht gemeint.
Ich will dir aber einen kleinen Obstbaum schenken, den
setze in das Loch, das du gemacht hast, und nach einigen
Jahren werden die Thaler schon zum Vorschein kommen.‘

4. Ich setzte den jungen Stamm ein; er wuchs und
wurde der große, herrliche Baum, den ihr jetzt vor Augen
seht.   Die köstlichen Früchte, die er die vielen Jahre hin=
durch getragen hat, brachten mir schon weit mehr als
hundert Thaler ein, und noch immer ist er ein Kapital,
das reichliche Zinsen trägt."

Das erste und zweite Kartoffelgericht.

Willberg.

1. Franz Drake hatte einen Freund in England, welchem er von Amerika aus Kartoffeln zur Aussaat nach Europa schickte, und wobei er ihm schrieb, die Frucht dieses Gewächses sei so trefflich und so nahrhaft, daß er ihren Anbau für sein Vaterland für höchst nützlich halte; schrieb aber sonst nicht ein Wort über Beschaffenheit und Eigenschaft der Kartoffel, über Pflanzung, Wartung und Einerntung derselben, — wie denn Drake überhaupt ein Mann karg von Worten, keck, rasch und kräftig von Thaten war.

2. Aber der Freund des Drake wollte die amerikanische Pflanze aus seinem Garten wieder herausreißen und wegwerfen lassen. Und das kam durch ein Mißverständnis, wie denn oft Mißverständnisse schuld sind, daß manches Gute nicht zu Stande kommt. Der Freund dachte nämlich, Franz Drake habe mit dem Worte „Frucht" die Samenknollen gemeint, die am Kartoffelkraute hängen.

3. Da es nun Herbst war, und die Knollen schön gelb geworden, lud der Mann eine Menge vornehmer Herren zu einem Gastmahle ein, wo es hoch herging. Am Ende kam auch eine zugedeckte Schüssel. Und der Hausherr stand auf, brachte einen Toast aus und hielt darauf eine schöne Rede an die Gäste, in welcher er sagte, er habe hier die Ehre, seinen werten Gästen eine Frucht vorzusetzen, zu welcher er den Samen von seinem Freunde, dem berühmten Seefahrer Franz Drake, erhalten hätte, mit der Versicherung, daß ihr Anbau für England höchst wichtig werden könne.

4. Und alle Gäste standen auf, stießen an mit den Gläsern, ließen den Seehandel hoch leben und den Wein sich recht gut schmecken. Die Herren aus dem Parlamente koste-

ten nun die Frucht, die in Butter gebacken, und da der
Koch keinen Geschmack hatte hineinbringen können, mit Zucker
und Zimmet u. s. w. bestreut war. Aber die Frucht
schmeckte abscheulich, und es war schade um den Zucker
und das Gewürz, und um den leckern Wein, der getrunken
wurde, um die Kartoffeläpfel hinunterzubringen.

5. Darauf urteilten alle weisen Herren am Tische, die
Frucht könne wohl recht gut für Amerika sein, aber in Eng=
land werde sie nicht reif. Und der Wirt traute den Gästen,
denn er glaubte, es seien Herren aus dem Parlamente, die
viel Verstand haben und alles recht genau kennen müßten,
und was sie sagten, sei richtig und wahr. Und da ließ denn
der Gutsbesitzer einige Zeit nachher die Kartoffelsträucher
herausreißen und wollte sie wegwerfen lassen.

6. Aber eines Morgens im Herbste ging er einmal durch
seinen Garten, und sah in der Asche eines Feuers, das der
Gärtner sich angemacht hatte, schwarze, runde Knollen liegen.
Er zertrat ein solches Ding, und siehe, es war inwendig
ein schönes weißes Mehl; und da er das Ding in die Hand
nahm, duftete es ihm so lieblich entgegen, wie eine gebra=
tene Kartoffel.

7. Der Herr fragte den Gärtner, was für Knollen das
wären. Und der Gärtner antwortete und sagte ihm, daß
sie unten an der Wurzel des fremden, amerikanischen Ge=
wächses gehangen hätten. Nun ging dem Herrn erst das
rechte Licht auf, wie es oft zu gehen pflegt, daß man z. B.
klüger ist, wenn man vom Rathause kommt, als wenn man
hinaufgeht, und daß nach der That der kluge Rat kommt.
Kurz, der Herr merkte, was sein Freund Drake gemeint
hatte, und lernte, daß bei der Kartoffel Wurzel, Same und
Frucht beisammen sind.

8. Er ließ die Knollen sammeln, zubereiten, und lud dann

die Parlamentsherren wieder zu Gaste. Gewiß wurde wieder mancher Toast ausgebracht. Wahrscheinlich wurde wieder eine Rede gehalten, und der Inhalt derselben wird wohl gewesen sein, daß der Mensch, wenn er bloß nach dem urteilt, was so eben auf und an der Oberfläche ist, und nicht auch tiefer gräbt, bisweilen gar sehr irren könne. Und so ist es denn auch!

Das Habermuß.

Hebel.

1. Also das Habermuß wär' fertig; kommt nun, ihr Kinder, und esset!

Betet: „Aller Augen —" und gebt mir ordentlich Achtung,

Daß nicht eins am rußigen Topf den Ärmel sich schwarz macht.

2. Esset nun, und segne es euch Gott, und wachset und gedeihet!

Seht, die Haberkörnchen, die hat der Vater gesäet

Zwischen die Furchen mit fleißiger Hand, und geegget im Frühjahr.

Aber daß es gewachsen und reif geworden, dafür kann

Euer Vater nicht, das thut der Vater im Himmel.

3. Denkt euch nur, ihr Kinder, es schläft im mehligen Körnchen

Klein und zart ein Keimchen, nicht rührt und regt es darin sich.

Nein, es schläft und sagt kein Wort, und ißt nicht und trinkt nicht,

Bis in den Furchen es liegt da draußen im lockeren
    Boden.

Aber dort in den Furchen — es ist so feucht und so warm
    drin —

Wacht es heimlich auf aus seinem verschwiegenen Schlafe,

Streckt die Gliederchen aus und saugt am saftigen Körn=
    chen,

Just wie ein Mutterkind, es fehlt nur, daß es nicht weinet.

Mit der Zeit wird's größer und heimlich schöner und
    stärker,

Schlüpft aus seiner Umhüllung und streckt sein Würzel=
    chen nieder

Tief hinab in den Grund, und sucht und findet die Nah=
    rung.

Ja, und die Neugier sticht's, gar gern auch möcht' es er=
    fahren,

Wie's denn da oben wohl weiter ist.   Ganz heimlich und
    furchtsam

Guckt es zum Boden heraus — potz tausend, das will
    ihm gefallen!

    4. Unser lieber Herrgott, der schickt ein Engelchen nieder:

„Bring' ihm ein Tröpfchen Tau und sag' ihm freundlich:
    Willkommen!"

Und es trinkt, und es schmeckt ihm so gut, und es streckt
    sich behaglich.

Derweil kämmt sich die Sonne, und sauber gekämmt und
    gewaschen

Kommt mit dem Strickzeug sie hervor aus den Bergen
    gegangen,

Wandelt ihren Weg hoch an der himmlischen Landstraß',

Strickt und sieht herab, gleichwie eine freundliche Mutter

Nach den Kindern sieht. Sie lacht dem Keimchen entgegen,

Und das thut ihm so wohl bis tief in die Wurzeln hinunter,

„Welche schöne Frau, und doch so gütig und freundlich!“
Aber was strickt sie nur? Gewölk aus himmlischen
Düften.

Da, schon tröpfelt's, ein Spritzerchen kommt, drauf regnet
es tüchtig;

Keimchen trinkt sich satt. Drauf naht ein Lüftchen und
trocknet's,

Und es sagt: „Jetzt kriech' ich auch nie mehr unter den
Boden,

Nein, um keinen Preis! Da bleib' ich, geh's wie es
gehn mag.“

　5. Esset, Kinder, segne es euch Gott, und wachst und
gedeihet!

Schwere Zeiten warten auf's Keimchen, Wolken an
Wolken

Stehn am Himmel Tag und Nacht, und die Sonne ver-
steckt sich.

Auf den Bergen schneit es, und weiter nach unten zu
hagelt's,

Hu, huhu! Wie klappert doch jetzt und wimmert mein
Keimchen,

Und der Boden ist zu, und es hat gar kümmerlich Nahrung,

„Ist denn die Sonne tot,“ so klagt es, „daß sie nicht
da ist?

Oder fürchtet auch sie vor der Kälte sich! Wär' ich geblieben

Wo ich sonst war, still und klein im mehligen Körnchen
Und daheim im Boden; es war so feucht und so warm
  drin."

 6. Seht, ihr Kinder, so geht's! Ihr werdet auch noch
  so sprechen,
Wenn aus dem Hause ihr kommt und unter fremden
  Gesichtern
Schaffen müßt und euch plagen und Kleidung und Brot
  euch verdienen:
„Wär' ich daheim beim Mütterchen doch, und hinter dem
  Ofen!"
Tröst' euch Gott! Auch das hat ein End', einmal wird
  es besser,
Wie's dem Keimchen auch erging. Am heitern Mai-
  tag
Weht es so lau, und die Sonne, sie steigt so kräftig vom
  Berg auf,
Und sieht nach, was das Keimchen macht, und giebt ihm
  ein Küßchen;
Ja, da ist ihm wohl, und es weiß sich vor Lust nicht
  zu lassen.

 7. Und schon prangen die Wiesen mit Gras und far-
  bigen Blumen,
Und schon duftet die Kirschblüt', und es grünet der
  Pflaumbaum,
Und schon schießt in die Höh' der Roggen und Weizen
  und Gerste,
Und mein Haberchen sagt: „Da bleib' ich gewiß nicht
  dahinten!"
Nein, es spreitet die Blätterchen aus — wer hat sie ge-
  woben?

Und jetzt schießt der Halm — wer treibt durch Röhren
　　an Röhren

Bis in die saftige Spitze hinauf aus den Wurzeln das
　　Wasser?

　　8. Endlich schlüpft ein Ährchen heraus, und schwankt
　　in den Lüften —

Sag' mir doch ein Mensch, wer hat an seidene Fäden

Hier ein Knöspchen gehängt und dort mit künstlichen
　　Händen?

Nun, die Engel, wer sonst? Sie wandeln zwischen den
　　Furchen

Auf und ab, von Halm zu Halm, und schaffen so emsig.

Jetzt hängt Blüt' an Blüt' am zarten schwankenden Ähr=
　　chen,

Und mein Haber steht so stolz wie ein Bräutchen im
　　Kirchstuhl.

Jetzt sind zarte Körner darin und wachsen im Stillen,

Und mein Haber, er merkt allmählich, was er will werden.

Käfer kommen und Fliegen, sie machen ihm ihre Visiten,

Sehen zu, was er macht, und singen: „Eia popeia!"

Und das Johanniswürmchen, ei je! kommt mit dem La=
　　ternchen

Nachts um neun Uhr auf Abendbesuch, wenn die Fliegen
　　schon schlafen.

　　9. Eßt, ihr Kinder, gesegn' es euch Gott, und wachset
　　und gedeihet!

Seitdem hat man geheut nach Pfingsten und Kirschen ge=
　　pflückt,

Seitdem hat man Pflaumen gelesen hinter dem Garten,

Seitdem haben sie Roggen geschnitten und Weizen und
　　Gerste,

Und die armen Kinder, sie haben die Ähren gelesen

Barfuß zwischen den Stoppeln; geholfen hat ihnen das
     Mäuschen.

Drauf ist auch der Haber gebleicht. Voll mehliger Körner

Hat er geschwankt und gesagt: „Jetzt wird's mir allmählich
     verleidet,

Um ist meine Zeit, ich merk's; was thu' ich allein da

Zwischen den Stoppelrüben und zwischen den lieben Kar=
     toffeln?"

Drauf ist die Mutter hinaus, und Euphrosynchen und
     Evchen,

An den Fingern fror's einen schon des Morgens und
     Abends.

Endlich brachten wir ihn, und in der staubigen Scheuer

Ward er gedroschen von früh um zwei bis abends um
     viere.

Drauf ist des Müllers Esel gekommen und hat ihn zur
     Mühle

Abgeholt, und wiedergebracht, zermahlen in Körnchen,

Und mit fetter Milch von der jungen, fleckigen Blesse

Hat in den Topf ihn die Mutter gekocht. — Gelt, Kinder,
     das schmeckte?

  10. Wischet die Löffel ab und bet' eins: „Danket dem
     Herrn!"

Und jetzt geht in die Schul', da hängt am Gesimse die
     Tasche.

Fall' mir keins, gebt acht und lernt hübsch, was man euch
     aufgiebt!

Wenn aus der Schul' ihr kommt, da giebt es gebackene
     Pflaumen.

Metzelsuppenlied.

Uhland.

1. Wir haben heut' nach altem Brauch ein Schweinchen abgeschlachtet; der ist ein jüdisch ekler Gauch, wer solch ein Fleisch verachtet. Es lebe zahm und wildes Schwein! Sie leben alle, groß und klein, die blonden und die braunen!

2. So säumet denn, ihr Freunde, nicht, die Würste zu verspeisen, und laßt zum würzigen Gericht die Becher fleißig kreisen! Es reimt sich trefflich: Wein und Schwein, und paßt sich köstlich: Wurst und Durst, bei Würsten gilt's zu bürsten.

3. Auch unser edles Sauerkraut, wir sollen's nicht vergessen! Ein Deutscher hat's zuerst gebaut, drum ist's ein deutsches Essen. Wenn solch ein Fleischchen, weiß und mild, im Kraute liegt, das ist ein Bild wie Venus in den Rosen.

4. Und wird von schönen Händen dann das schöne Fleisch zerleget, das ist, was einem deutschen Mann gar süß das Herz beweget, Gott Amor naht, und lächelt still, und denkt: nur daß, wer küssen will, zuvor den Mund sich wische.

5. Ihr Freunde, tadle keiner mich, daß ich von Schweinen singe! Es knüpfen Kraftgedanken sich oft an geringe Dinge. Ihr kennet jenes alte Wort, ihr wißt: es findet hier und dort ein Schwein auch eine Perle.

Drei Wünsche.

Hebel.

1. Ein junges Ehepaar lebte recht vergnügt und glück=
lich beisammen und hatte den einzigen Fehler, der in jeder
menschlichen Brust daheim ist: wenn man's gut hat, hätt'
man's gerne besser. Aus diesem Fehler entstehen so viele
thörichte Wünsche, woran es unserem Hans und seiner
Liese auch nicht fehlte. Bald wünschten sie des Schulzen
Acker, bald des Löwenwirtes Geld, bald hunderttausend
Millonen Thaler.

2. Eines Abends aber, als sie friedlich am Ofen saßen
und Nüsse aufklopften, kam durch die Kammerthüre ein
weißes Weiblein herein, nicht mehr als eine Elle hoch,
aber wunderschön von Gestalt und Angesicht, und die
ganze Stube war voll Rosenduft. Das Licht löschte aus;
aber ein Schimmer wie Morgenrot, wenn die Sonne nicht
mehr fern ist, strahlte von dem Weiblein aus und über=
zog alle Wände. Über so etwas kann man doch ein
wenig erschrecken, so schön es auch aussehen mag. Aber
unser gutes Ehepaar erholte sich doch bald wieder, als das
Fräulein mit wundersüßer, silberreiner Stimme sprach:
„Ich bin euere Freundin, die Bergfei Anna Fritze, die im
krystallenen Schloß mitten in den Bergen wohnt, mit un=
sichtbarer Hand Gold in den Rheinstrom streut und über
siebenhundert dienstbare Geister gebietet. Drei Wünsche
dürft ihr thun; drei Wünsche sollen erfüllt werden."

3. Hans drückte den Ellbogen in den Arm seiner Frau,
als ob er sagen wollte: „Das lautet nicht übel." Die
Frau aber war schon im Begriff, den Mund zu öffnen

und etwas von ein paar Dutzend goldgestickten Hüten, seidenen Halstüchern und dergleichen zur Sprache zu bringen,
als die Bergfei sie mit aufgehobenem Zeigefinger warnte.
„Acht Tage lang,“ sprach sie, „habt ihr Zeit. Bedenkt euch
wohl, und übereilt euch nicht.“ „Das ist kein Fehler,“
dachte der Mann und legte seiner Frau die Hand auf den
Mund. Das Bergfräulein aber verschwand. Die Lampe
brannte wie vorher, und statt des Rosenduftes zog wieder
der Öldampf durch die Stube.

4. So glücklich nun unsere guten Leute schon zum vor-
aus waren und keinen Stern mehr am Himmel sahen,
sondern lauter Baßgeigen, so waren sie jetzt doch recht
übel daran, weil sie vor lauter Wunsch nicht wußten, was
sie wünschen wollten, und nicht einmal das Herz hatten,
recht daran zu denken oder davon zu sprechen, aus Furcht
es möchte für gewünscht passieren, ehe sie es genug über-
legt hätten! Nun sagte die Frau: „Wir haben ja noch
Zeit bis Freitag.“

5. Des anderen Abends, während die Kartoffeln in der
Pfanne prasselten, standen beide, Mann und Frau, ver-
gnügt an dem Feuer beisammen, sahen zu, wie die kleinen
Feuerfünklein an der rußigen Pfanne hin- und herzüngel-
ten, bald angingen, bald auslöschten, und waren, ohne ein
Wort zu reden, vergnügt in ihrem künftigen Glück. Als
sie aber die gerösteten Kartoffeln aus der Pfanne in eine
Schüssel schüttete und ihr der Geruch gar lieblich in die
Nase stieg, sagte sie in aller Unschuld: „Wenn wir jetzt
ein gebratenes Würstlein dazu hätten!“ Schnell wie der
Blitz kommt und geht, kam es wieder wie Morgenrot und
Rosenduft unter einander durch den Kamin herab, und
auf den Kartoffeln lag die schönste Bratwurst.

6. Wer sollte sich über einen solchen Wunsch und seine Erfüllung nicht ärgern? Welcher Mann sollte über solche Unvorsichtigkeit seiner Frau nicht unwillig werden? „Wenn dir doch die Wurst an der Nase angewachsen wäre!" sprach er in der ersten Überraschung, auch in aller Unschuld und ohne an etwas anderes zu denken. Wie gewünscht, so geschehen. Kaum war das letzte Wort gesprochen, so saß die Wurst auf der Nase des Weibes fest und hing zu beiden Seiten herab wie ein Schnurrbart.

7. Nun war die Not der armen Eheleute erst recht groß. Zwei Wünsche waren gethan und vorüber, und noch waren sie um keinen Heller und um kein Weizenkorn, sondern nur um eine böse Bratwurst reicher. Noch war ein Wunsch übrig. Aber was half nun aller Reichtum und alles Glück zu einem solchen Nasenschmuck der Frau? Die Eheleute mußten also die Bergfei bitten, mit unsichtbarer Hand Barbierdienste zu leisten und Frau Liese wieder von der verwünschten Wurst zu befreien. Wie gebeten, so geschehen, und so war der dritte Wunsch auch vorüber und die schöne Bergfei kam niemals wieder.

8. Merke: Wenn dir einmal die Bergfei also kommen sollte, so sei nicht geizig, sondern wünsche erstens Verstand, daß du wissen mögest, was du zweitens wünschen solltest, um glücklich zu werden; drittens, wünsche beständige Zufriedenheit.

9. Alle Gelegenheit, glücklich zu werden, hilft nichts, wenn man den Verstand nicht hat, sie zu benutzen.

Der Einsiedler.

Caspari.

1. In früheren Zeiten lebte ein Mann, der war sehr aufbrausend und schnell zum Zorn, und wenn er zornig gewesen, gereute es ihn wieder. Da dachte er: „Das kommt von den bösen Menschen; ließen diese mich in Frieden, würd' ich auch wohl sanftmütig sein. Ich will lieber fortgehen in den wilden Wald und ein Einsiedler werden; da werd' ich keinen mehr hören und sehen und werd' mich nicht mehr erzürnen."

2. Er geht also fort in den Wald, sucht sich einen Ort, wo ein Brunnen vom Felsen herabrinnt, und will sich da eine Hütte bauen. Über der Arbeit wird's ihm warm, und er trägt seinen Krug zum Brunnen und stellt ihn unter, daß er voll werde; der Krug aber fällt um, und er muß ihn zum zweitenmale unterstellen. Nach einer Weile fällt der Krug abermals, und der Einsiedler, anstatt ihn wieder aufzustellen, wird so zornig, daß er ihn nimmt und am Felsen in tausend Stücke zerschlägt.

3. Als er nun den Henkel in der Hand hat und die Scherben auf dem Boden liegen sieht, kommt er auf einmal wieder zu sich, erschrickt und spricht zu sich selbst: „O ich Thor! Ich dachte, daß der Zorn in mich hinein- kommt; und nun sehe ich, daß er aus mir herauskommt; drum will ich kein Einsiedler mehr sein, sondern wieder zu meinen Brüdern gehen und sie bitten, daß sie mir helfen, mein Herz zu bessern."

Der beste Empfehlungsbrief.

1. Auf die Anzeige eines Kaufmannes, durch welche ein Laufjunge gesucht wurde, meldeten sich fünfzig Knaben. Der Kaufmann wählte sehr rasch einen unter denselben und verabschiedete die andern. „Ich möchte doch wissen," sagte ein Freund, „warum du gerade diesen Knaben, der doch keinen einzigen Empfehlungsbrief hatte, bevorzugtest?"

2. „Du irrst," lautete die Antwort; „dieser Knabe hatte viele Empfehlungen. Er putzte seine Füße ab, ehe er ins Zimmer trat, und machte die Thüre zu; er ist daher sehr sorgfältig. Er gab ohne Besinnen seinen Stuhl jenem alten lahmen Manne, was seine Herzensgüte und Aufmerksamkeit zeigt. Er nahm seine Mütze ab, als er hereinkam, und antwortete auf meine Fragen schnell und sicher; er ist also höflich und hat Manieren. Er hob das Buch auf, welches ich absichtlich auf den Boden gelegt hatte, während alle übrigen dasselbe zur Seite stießen oder darüber stolperten. Er wartete ruhig und drängte sich nicht heran — ein gutes Zeugnis für sein anständiges Benehmen. Ich bemerkte ferner, daß sein Rock gut ausgebürstet und seine Hände und sein Gesicht rein waren. Nennst du dies alles keinen Empfehlungsbrief? Ich gebe mehr darauf, was ich von einem Menschen weiß, nachdem ich ihn zehn Minuten lang gesehen, als auf das, was in schön klingenden Empfehlungsbriefen steht."

Der Klabautermann.

Kopisch.

1. Flink auf, die luftigen Segel gespannt! Wir fliegen wie Vögel von Strand zu Strand, wir tanzen auf Wellen um Klipp' und Riff, wir haben das Schiff nach dem Pfiff im Griff, wir können, was kein andrer kann: wir haben einen Klabautermann.

2. Der Klabautermann ist ein wackerer Geist, der alles im Schiff sich rühren heißt, der überall, überall mit uns reist, mit dem Schiffskapitän flink trinkt und speist; beim Steuermann sitzt er und wacht die Nacht, und im obersten Mast, wenn das Wetter kracht.

3. Ist's Wetter klar, und die Fahrt gelingt, so nimmt er die Geige und tanzt und springt, und alles muß auf dem Deck sich schwingen, unzählige selige Lieder singen; nicht Sturm, nicht Wurm, ihn ficht nichts an; wir haben den wahren Klabautermann.

4. Hei, klettert er, sei die See auch groß, Klabautermann läßt kein Takelwerk los; er läuft auf den Raaen, wenn alles zerreißt; er thut, was der Kapitän ihn heißt. Und wißt ihr, wie man ihn rufen kann? Courage heißt der Klabautermann.

Der weiße Hirsch.

Uhland.

1. Es gingen drei Jäger wohl auf die Birsch, sie wollten erjagen den weißen Hirsch. Sie legten sich unter den Tannenbaum, da hatten die drei einen seltsamen Traum.

2. Der erste: „Mir hat geträumt, ich klopft' auf den Busch, da rauschte der Hirsch heraus, husch, husch!"

3. Der zweite: „Und als er sprang bei der Hunde Geklaff, da brannt' ich ihm auf das Fell, piff, paff!"

4. Der dritte: „Und als ich den Hirsch an der Erde sah, da stieß ich lustig ins Horn, trara!"

5. So lagen sie da und sprachen die drei, da rannte der weiße Hirsch vorbei. Und eh' die drei Jäger ihn recht gesehn, da war er davon über Tiefen und Höh'n. Husch, husch! Piff, paff! Trara!

Der listige Schulmeister und der Teufel.

Haltrich.

1. Ein Schulmeister ging einmal für seinen Pfarrer mit einer großen Gabel zum Heumachen und nahm sich auch einen kleinen Käs und ein großes Stück Brot zum Essen mit. Sein Weg führte ihn über die Teufelswiese; da sah er auf einmal einen Teufel, der hatte einen großen Schlauch, der aus einer Kuhhaut gemacht war, auf dem Rücken und wollte Wasser holen. „Halt!" rief er dem Schulmeister zu, „habe ich dich endlich auf meinem Eigentum ertappt!" Dabei warf er den Schlauch nieder und wollte den Schulmeister packen. Dieser aber nahm seinen Käs aus der Tasche, drückte ihn zusammen, daß das Wasser daraus floß und rief dem Teufel zu: „Siehe, so zerdrücke ich dich, wie diesen Stein, daß dir das Lebenswasser herauskommt, wagst du es, mich nur anzurühren."

2. In voller Angst lief der Teufel stracks in die Hölle und ließ auch den Schlauch liegen. Dann erzählte er, wie

er einen Menschen gesehen, der so stark war, daß er Saft
aus einem Stein gepreßt habe. Da schickten ihn die andern
Teufel zurück, er solle ihn dingen, denn er werde gut sein
zum Wassertragen. Der Teufel kam schnell wieder auf die
Wiese und fragte den Schulmeister, ob er sich nicht ver-
dingen wolle. Dem war das recht, denn er hätte sich doch
schon längst einmal gerne die Hölle besehen.

3. Als er in die Hölle kam, erhielt er gleich den Auf-
trag, Wasser im großen Schlauch zu holen. Der aber war
so schwer, daß er ihn nicht einmal leer heben konnte. Da
erdachte er sich eine List; er nahm Spaten und Haue und
ging. „Wohin denn mit diesen Werkzeugen?" fragte man ihn.
Darauf erwiderte er: „Ich will gleich den ganzen Brunnen
ausgraben und nach Hause bringen, damit ich nicht immer
zu gehen brauche." Da fürchteten die Teufel, das werde
die ganze Hölle überschwemmen und ihnen das Feuer aus-
löschen. Deshalb sprachen sie: „O, lasse es nur sein; wir
wollen uns schon Wasser holen."

4. Darauf schickten ihn die Teufel in den Wald, er solle
eine Eiche ausreißen und nach Hause bringen. Der Schulmeister nahm also ein großes Seil und wollte gehen. „Was
willst du mit dem Seil?" fragten die Teufel. „Ich will
gleich den ganzen Wald damit umbinden, ausreißen und
nach Hause bringen, damit ich nicht so oft zu gehen brauche."
Die Teufel entsetzten sich vor der ungeheuren Stärke und
fürchteten, er würde, wenn er den ganzen Wald heimbrächte,
damit die Hölle in Brand setzen. „Lasse es nur gut sein,"
sprachen sie, „wir wollen uns schon Holz holen."

5. Nun aber beschlossen sie, diesen gefährlichen Menschen
auf eine gute Art zu entfernen. Sie wollten ihm den
ganzen Lohn auszahlen, wenn er nur ginge. Der Schulmeister war das zufrieden, nur verlangte er, ein Teufel solle

ihm auch den Sack mit Geld nach Hause tragen. Das erschien allen gefährlich, doch endlich wagte es einer. Als sie nun in die Nähe der Schule kamen, sahen die Kinder des Schulmeisters gerade zum Fenster heraus; da gab ihnen der Vater ein Zeichen und nun schrieen alle: „Auch ich will Teufelsfleisch, auch ich will Teufelsfleisch!" Wie der Teufel das hörte, warf er den Sack hurtig auf den Boden und lief in einem Atem zurück nach der Hölle, ohne auch nur einmal umzuschauen.

6. Aber der Teufel hatte einen Sohn, der war gerade aus der Fremde nach Hause gekommen; er war stark und trotzig und sprach, er nehme es mit jedem Menschen auf und fürchte sich nicht. Da sprach sein Vater zu ihm: „Gehe hin zum Schulmeister und bringe den Sack mit dem Golde wieder heim." Der Sohn war gleich fertig, und als er zum Schulmeister kam, sprach er: „Entweder gieb den Sack voll Gold mit Gutem heraus, oder miß dich mit mir!" Der Schulmeister lachte und sprach: „Das Gold bekommst du überhaupt nicht wieder; es wird mir aber Spaß machen, mit dir zu kämpfen; bestimme nur, worin wir es versuchen sollen." „Im Ringen," sprach der Teufel. „Ha, ha," sagte der Schulmeister, „mit dir versuche ich's nicht einmal, denn ich fürchte, ich zerquetsche dich gleich mit meinen Fingern; aber ich habe hier einen alten Großvater, der noch Kraft genug hat, über dich Meister zu werden." Damit ließ er einen Bären los; der fiel gleich über den Teufel her, umarmte ihn und drückte ihn schrecklich. Da sprach der Schulmeister spöttisch: „Vielleicht ist das Ringen nicht deine Sache; bestimme etwas anderes!" „So will ich mit dir um die Wette laufen," antwortete der Teufel.

7. „Ha, ha," sprach der Schulmeister, „das brächte mir nur Schande, wenn ich's mit dir versuchen wollte. Aber

ich habe hier ein Enkelchen, das läuft schon gut genug, um dich zu überholen." Damit ließ er einen Hasen los; der lief wie ein abgeschossener Pfeil und war gleich über alle Berge. Der Teufel kam bald keuchend zurück. Der Schulmeister lachte und sprach: „Laufen kannst du freilich nicht; vielleicht verstehst du etwas anderes besser?"

8. „So wollen wir einmal um die Wette werfen," sprach der Teufel voll Zorn und Grimm. Er nahm einen schweren Schmiedehammer und warf ihn so hoch, daß er sieben Stunden brauchte, bis er wieder zu Boden kam. Dann reichte er ihn dem Schulmeister, und sprach: „Nun laß sehen, was du kannst,"

9. Der Schulmeister sah aber, daß er den Hammer nicht einmal heben konnte, darum sprach er: „Wenn ich diesen hinauf werfe, so fällt er nicht mehr herab, denn ich habe einen Schwager im Himmel, der ist Schmied und fängt den Hammer auf und macht Nägel daraus, indeß wir hier umsonst warten. Ich hole mir aber gleich einen Stein, den will ich werfen," und so brachte er einen Fink aus seinem Käfig und schleuderte ihn hoch in die Luft. Der Schulmeister hatte den Teufel so gestellt, daß er gerade in die Sonne sah; deshalb merkte er nicht, wie der Fink in die Luft kam und wegflog. „Der Stein braucht sieben Tage," sprach der Schulmeister, „bis er zur Erde fällt; willst du so lange warten?" „Nein, nein!" rief der Teufel; er hatte die Sonne schon satt und war halb blind geworden.

10. „Ei, ei," sprach der Schulmeister, „ihr Teufel seid elende Kerle; ihr könnt weder ringen, noch laufen, noch werfen; versteht ihr denn nicht etwas besser?" „So laß uns einmal um die Wette knallen," sprach der Teufel

ärgerlich). Er nahm eine Peitsche und knallte so fürchter=
lich, daß der Schulmeister fast ohnmächtig wurde. Doch
erholte er sich schnell und sprach zum Teufel: „Ich habe
große Sorge um dich; laße dir von mir die Augen verbinden,
denn ich werde so furchtbar knallen, daß es donnert und
blitzt und daß dir leicht die Augen herausspringen könnten."
Da band er ihm die Augen zu, nahm einen Knüppel und
schlug damit aus allen Kräften den Teufel so derb in die
Augen, daß dieser glaubte, sie seien ihm herausgesprungen.
„Knalle nicht mehr," jammerte er.

11. „Giebt es denn gar keine Kunst, in der du es zu etwas
gebracht hast?" fragte nun der Schulmeister. „Wohlan,"
antwortete der Teufel, „laß uns einmal mit Stangen käm=
pfen." „Es ist mir recht," sagte der Schulmeister und gab
dem Teufel eine lange, eiserne Stange; er selbst nahm eine
kurze. Damit ging er dem Teufel fest auf den Leib und
prügelte ihn ganz blau; jener aber konnte mit der langen
Stange in der Nähe nichts machen. „Ho, ho," sprach der
Teufel, „laß uns die Stangen einmal tauschen!" „Recht
gerne," erwiderte der Schulmeister; „aber weil ich sehe, daß
du so elend bist, so will ich dir noch mehr zugestehen.
Krieche du hier in diesen Schweinestall, wo du geschützt bist;
ich will von hier aus im Freien kämpfen."

12. Das ließ sich der Teufel gefallen, er nahm die kurze
Eisenstange und kroch in den Schweinestall. Jetzt stieß der
Schulmeister mit der langen Stange durch das Freßloch so un=
barmherzig, daß es dem Teufel durch die Rippen ging; er aber
konnte mit seiner kurzen Stange den Schulmeister nicht einmal
erreichen. „Es ist genug!" schrie der Teufel, als er sah,
daß ihm das Blut aus allen Seiten strömte. „Jetzt soll
mir einer sagen," höhnte der Schulmeister, „daß ein Teufel

mehr versteht als das elendeste Menschenkind; oder willst du es noch in etwas versuchen?“ „Kratzen,“ heulte der Teufel.

13. Da kratzte der Teufel den Schulmeister, daß ihm das Blut rann und die Knochen heraußstanden. „Merke jetzt,“ sagte der Schulmeister, „daß ich mir meine Nägel hole, denn die lege ich immer ab, wenn ich sie nicht ge= brauche.“ Da brachte er zwei Hecheln und ackerte damit so unbarmherzig auf dem Teufel herum, daß dieser schrie: „Halt, du kratzest ja bis auf die Seele!“

14. Der Schulmeister sprach: „Ich schäme mich wahrlich, mit dir noch weiter zu kämpfen; freilich wirst du auch nichts mehr angeben können.“ Der Teufel schäumte vor Wut. „Lasse uns zu guterletzt noch einmal um die Wette blasen!“ sprach er. Da blies er so gewaltig, daß der Schulmeister an die Zimmerdecke hinaufflog. „Was machst du da oben?“ fragte der Teufel. „Ich verstopfe die Ritzen und Löcher,“ antwortete der Schulmeister, „daß du, wenn ich jetzt blase, nicht hinaus kannst und an der Decke zerschmetterst.“ Da entsetzte sich der Teufel so sehr, daß ihm die Haare zu Berge standen; er wartete nicht länger, sondern ergriff schnell die Flucht und rannte in einem Atem fort bis in die Hölle.

14. Seitdem hatte der Schulmeister Ruhe vor den Teu= feln. Aber den Sack mit dem Golde müssen ihm schlechte Menschen entwendet haben, denn er ist bis auf den heu= tigen Tag arm geblieben.

Ein Märlein von den Schildbürgern.

1. Die Schildbürger waren ernsthaft in ihrem Thun, besonders wenn es zum allgemeinen Nutzen gereichte. So gingen sie einstmals aus, eine alte Mauer zu besehen, welche von einem Gebäude übrig geblieben war; sie wollten nämlich ausfinden, ob sie die Steine davon noch brauchen könnten.

2. Nun war auf der Mauer schönes, großes Gras gewachsen; damit nun dasselbe nicht verloren ginge, hielten sie Rat. Die einen meinten, man solle es abmähen; aber niemand wollte sich dazu verstehen und sich auf die Mauer wagen. Andere meinten, wenn Schützen unter ihnen wären, so könnten diese das Gras mit Pfeilen herabschießen. Endlich riet der Schultheiß, man solle das Vieh darauf weiden lassen; alsdann brauche man es weder abzumähen noch abzuschießen.

3. Dieser Rat gefiel den Schildbürgern so gut, daß sie beschlossen, denselben auszuführen und des Schultheißen Kuh zuerst auf die Mauer zu ziehen. Also banden sie der Kuh ein starkes Seil um den Hals, warfen es über die Mauer und fingen dann an, daran zu ziehen. Bald ging nun der Kuh der Atem aus und als sie beinahe oben war, streckte sie die Zunge heraus. Als dies ein großer Schildbürger sah, schrie er: „Zieht, zieht! Leib und Seele hängen an einander!" — „Zieht noch einmal!" rief der Schultheiß, „sie streckt schon die Zunge nach dem Grase aus. Zieht, sie ist bald droben!"

4. Aber die Schildbürger konnten die Kuh nicht hinaufziehen; als sie sie darauf herabließen, sahen sie, daß sie tot war. Nun freuten sie sich, daß sie etwas zu schlachten und zu essen hatten.

Eine Ohrfeige zur rechten Zeit.

K. Wagner.

1. In einer der bedeutendsten Städte Norddeutschlands lebte ein Kaufmann, namens Müller, dem in letzter Zeit oft ein junger, wohlgekleideter Mensch begegnete, der ihn sehr freundlich, ja fast zutraulich grüßte. Herr Müller erwiderte den Gruß zwar gern; da er sich aber nicht er= innerte, den jungen Menschen je gesehen zu haben, so glaubte er, dieser verwechsle ihn mit Jemandem, dem er vielleicht ähnlich sei.

2. Eines Tages nun war Herr Müller zu einem Freunde geladen, und als er zur bestimmten Zeit auf dem Land= sitze desselben eintraf, fand er denselben jungen Mann schon mit dem Hausherrn in eifrigem Gespräch die schat= tigen Alleen auf= und abgehen. Er näherte sich den beiden, die ihn auch schon aus der Ferne bemerkt hatten. Der Wirt wollte nun seine Freunde einander vorstellen; aber der jüngere machte eine abwehrende Bewegung mit der Hand, indem er sagte: „Das ist nicht nötig; wir kennen uns schon viele Jahre."

3. „Ich glaube, Sie sind im Irrtum," nahm jetzt Herr Müller das Wort; „was mich betrifft, so habe ich aller= dings seit einiger Zeit manchen freundlichen Gruß von Ihnen bekommen; aber außerdem sind Sie mir völlig fremd."

4. „Und doch bleibt es dabei; ich kenne Sie lange und habe mich sehr gefreut, Sie heute hier zu sehen und eine Gelegenheit zu haben, Ihnen meinen herzlichsten Dank auszudrücken."

5. „Sie sprechen in Rätseln. Wie kann ich Sie zum Dank verpflichtet haben, wenn ich Sie gar nicht kenne?"

6. „Das ist allerdings eine alte Geschichte; aber wenn wir uns hier niedersetzen und Sie mir dann einige Augenblicke zuhören wollen, so glaube ich, werden Sie sich meiner doch noch erinnern. Es sind jetzt siebenzehn Jahre her — ich war damals ein Knabe von neun Jahren — als ich auf meinem Schulwege darüber nachdachte, wie angenehm es sein würde, wenn ich zu dem Brot, das mir die Mutter zum Frühstücke mitgegeben, auch einen Apfel hätte; meine Kameraden aßen oft so schöne, große Äpfel, und ich bekam nur selten Obst.

7. Mit solchen Gedanken kam ich auf den Marktplatz, über den mein Weg führte. Da waren viele Körbe voll der auserlesensten Früchte, die mich so recht anlachten. Ich blieb unwillkürlich stehen, um sie zu betrachten. Die Eigentümerin hatte ihrer Ware den Rücken gekehrt und sprach angelegentlich mit einer Nachbarin. Da kam mir so der Gedanke: sie wird es kaum bemerken, wenn du einen Apfel nimmst; sie behält ja noch eine große Menge. Leise streckte ich meine Hand aus und wollte eben ganz vorsichtig meine Beute in die Tasche stecken, als ich plötzlich eine derbe Ohrfeige bekam, daß ich vor Schrecken den Apfel fallen ließ. ‚Junge,' sagte zugleich eine Stimme, ‚wie heißt das siebente Gebot? Nun, ich hoffe, daß es das erstemal ist, daß du deine Hand nach fremdem Gut ausstreckst; laß es zugleich das letztemal sein.'

8. Ich fühlte, daß ich ganz rot vor Scham geworden war, und wagte kaum die Augen aufzuschlagen; doch sind mir die Züge dieses Mannes ebenso unvergeßlich geblieben, wie die Begebenheit selbst.

9. Anfangs war ich in der Schule sehr zerstreut; immer tönten mir in meinen Ohren die Worte wieder, die ich gehört hatte. Mein Herz war so voll, ich hätte weinen mögen; am meisten aber blieben meine Gedanken bei dem Schlusse stehen: Laß es zugleich das letztemal sein! Und ich nahm mir fest vor, es solle auch das letztemal sein. Aber auch lange nachher, wenn wir unsern Katechismus aufsagten und der Lehrer fragte: ‚Wie heißt das siebente Gebot?‘ erinnerte mich das heftige Klopfen meines Herzens an jenen Morgen.

10. Als ich nach einigen Jahren die Schule verließ, kam ich zu einem Handelsfreunde meines Vaters in Bremen und von dort ging ich später nach Südamerika. Es wird Sie nicht befremden, wenn ich sage, daß die Versuchungen, andere zu übervorteilen und so seine Hand nach fremdem Gut auszustrecken, für einen jungen Kaufmann nicht selten sind. Auch für mich blieben solche Versuchungen nicht aus; aber sobald mir solche nahe traten, war es mir immer, als fühlte ich von neuem die Ohrfeige, und die Worte: ‚Laß es zugleich das letztemal sein!‘ halfen mir alle derartigen Anträge zurückzuweisen. Seit fünfzehn Monaten bin ich jetzt wieder in meiner Vaterstadt, und mit innigem Dank gegen den Herrn darf ich sagen, daß bei dem nicht unbedeutenden Vermögen, das ich mit herübergebracht habe, gewiß kein Pfennig fremden oder unrechten Gutes ist.“

11. Der junge Mann hielt hier einen Augenblick inne, denn er war durch seine Erzählung sichtlich selbst sehr bewegt worden; dann aber ergriff er die Hand des Herrn Müller und sagte: „Erlauben Sie jetzt, daß ich diese Hand, die mir eine solche Wohlthat erwiesen hat, recht dankbar drücken darf?“

12. „Und erlauben Sie mir," entgegnete Herr Müller, indem er mit Thränen im Auge ihn an sich zog, „daß ich den Mann recht von Herzen lieb haben darf, der einer solchen Dankbarkeit fähig ist und der im späteren Leben so treu gehalten, was er als Knabe gelobte?"

Bestrafter Undank.

J. Wichers.

1. Ein reicher Mann hatte sich ein kleines Büchergestell machen lassen und als es ihm der Lehrling brachte, gab er demselben ein Zehncentstück. Nun wäre der Herr gewiß nicht verpflichtet gewesen, dem Burschen auch nur einen Cent zu geben, denn für die gelieferte Arbeit mußte er den Meister bezahlen.

2. Der Lehrling aber war anderer Meinung. Durch die übertriebene Freigebigkeit einiger Arbeitgeber verwöhnt, war er der Ansicht, er habe ein gutes Recht auf ein Trinkgeld und es gebühre ihm eigentlich mehr, als er erhalten hatte. Darum schielte er verächtlich auf die kleine Gabe und schlich, ohne ein Wort des Dankes zu sagen, davon.

3. Das verdroß nun den Herrn doch und er rief ihm nach: „Warte ein wenig, und laß mich sehen, was ich Dir gegeben habe. Ich glaube, ich habe mich geirrt!"

4. Jetzt drehte sich der Lehrling um und grinste vor Wonne, denn er sah im Geiste bereits einen halben Thaler in seiner Hand. Als er nun dem Herrn das Zehncentstück hinhielt, nahm es dieser und steckte es in die Tasche. Dann sagte er: „Ich habe mich wirklich geirrt. So un-

dankbaren Burschen, wie Du einer bist, gebe ich nichts. Und jetzt mache, daß Du fortkommst, sonst irre ich mich abermals, weil's mir so sonderbar in der rechten Hand zuckt!"

Vereitelte Hoffnung.

1. Ein Taschenspieler kam einst an den Hof eines Für= sten und ließ denselben um die Erlaubnis bitten, ihm ein Kunstwerk zu zeigen, das er gewiß noch nie gesehen habe. Der Fürst, welcher ein sehr herablassender und leutseliger Mann war und besondere Gaben und Geschicklichkeiten zu schätzen wußte, gestattete es.

2. Der Taschenspieler, der in der linken Hand eine Schüssel voll grüner Erbsen trug, ließ sich eine Stecknadel vorhalten und warf nun die einzelnen Erbsen mit solcher Sicherheit, daß sie jedesmal auf der Nadelspitze stecken blieben. Der Fürst äußerte seine Zufriedenheit und sprach: „Es muß Euch schwer geworden sein, eine solche Geschick= lichkeit zu erlangen. Ihr habt eine seltene Idee gehabt; die muß auf eine seltene Weise belohnt werden. Wartet hier ein wenig, mein Diener wird Euch bringen, was ich für Euch bestimmt habe." Mit diesen Worten verließ der Fürst das Zimmer.

3. Nach einiger Zeit kam ein Diener und reichte dem Taschenspieler einen Beutel. Voll froher Hoffnung öffnete er ihn schnell, fand aber zu seinem Erstaunen nichts als Erbsen darin. Der Künstler, entrüstet über solchen Schimpf, fragte, was er damit sollte. „Vermutlich Eure Studien fortzusetzen," antwortete der Diener; „unser Fürst pflegt nur das reichlich zu belohnen, was seinem Volke Nutzen bringt, und das ist mit Eurer Kunst gewiß nicht der Fall."

Der überlistete Wahrsager.

1. In einem Dorfe erschien einst ein Mann, welcher den Leuten für Geld wahrsagte. Ein Bauersmann, welcher sich schon oft darüber lustig gemacht hatte, ging eines Tages zu ihm, um etwas über seine Zukunft zu erfahren. Nachdem der Wahrsager ihm mancherlei Wahrscheinliches und Unwahrscheinliches prophezeit hatte, wollte sich der Bauer ohne weiteres wieder entfernen.

2. „Nun, wie ist es mit der Bezahlung?" fragte ihn der Wahrsager. „Bezahlung?" versetzte der Bauer, und sah ihn verwundert an. „Nun ja," sagte jener, „soll ich denn nichts für meine Mühe bekommen?" „Wenn Ihr alles vorher wißt," erwiderte ihm der Bauer, „die Vergangenheit, Gegenwart und Zukunft, dann müßt Ihr auch wissen, daß ich kein Geld bei mir habe. Nun wartet nur, bis alles eingetroffen ist, was Ihr mir verkündet habt, dann werde ich Euch bezahlen."

Die Stimmen des Gerichts.

Krummacher.

1. Ein reicher Mann, namens Pohl, gebot seinen Knechten, eine arme Witwe samt ihren Kindern aus einem seiner Häuser zu vertreiben, weil sie den jährlichen Zins nicht zu zahlen vermochte. Als die Diener nun kamen, sprach das arme Weib: „Ach, verziehet ein wenig; vielleicht, daß euer Herr sich unser erbarme; ich will zu ihm gehen und ihn bitten."

2. Darauf ging die Witwe zu dem reichen Manne mit ihren vier Kindern; denn eins lag krank darnieder, und alle fleheten inbrünstig, sie nicht zu verstoßen. Pohl aber sprach: „Meine Befehle kann ich nicht ändern, es sei denn, daß Ihr Eure Schuld sogleich bezahlet."

3. Da weinte die Mutter bitterlich und sagte: „Ach, die Pflege eines kranken Kindes hat all mein Verdienst verzehrt und meine Arbeit gehindert." Und die Kinder fleheten mit der Mutter, sie nicht zu verstoßen.

4. Aber Pohl wandte sich hinweg von ihnen und ging in sein Gartenhaus und legte sich auf das Polster, zu ruhen, wie er pflegte. Es war aber ein schwüler Tag, und dicht am Gartensaal floß ein Strom, der verbreitete Kühlung, und es war eine Stille, daß kein Lüftchen sich regte.

5. Da hörte Pohl das Gelispel des Schilfs am Ufer, aber es tönte ihm gleich dem Gewinsel der Kinder der armen Witwe; und er ward unruhig auf seinem Polster.

6. Darnach horchte er auf das Rauschen des Stromes und es däuchte ihm, als ruht' er an dem Gestade eines unendlichen Meeres, und er wälzte sich auf seinem Pfühle.

7. Als er nun wieder horchte, erscholl aus der Ferne der Donner eines aufsteigenden Gewitters; da war ihm, als vernähm' er die Stimme des Gerichts.

8. Nun stand er plötzlich auf, eilte nach Hause und gebot seinen Knechten, der armen Witwe das Haus zu öffnen. Aber sie war samt ihren Kindern in den Wald gegangen und nirgend zu finden. Unterdes war das Wetter hinaufgezogen, und es donnerte und fiel ein gewaltiger Regen. Pohl aber war voll Unmuts und wandelte umher.

9. Am andern Tage vernahm Pohl, das kranke Kind

sei im Walde gestorben und die Mutter mit den andern hinweggezogen. Da ward ihm sein Garten samt dem Saal und Polster zuwider, und er genoß nicht mehr der Kühlung des rauschenden Stromes.

10. Bald darnach fiel Pohl in eine Krankheit, und immer in der Hitze des Fiebers vernahm er des Schilfes Gelispel und den rauschenden Strom und das dumpfe Tosen des aufsteigenden Wetters. Also verschied er.

------◆◆◆------

Der geheilte Kranke.

Hebel.

1. Reiche Leute haben trotz ihrer gelben Vögel doch manchmal auch allerlei Lasten und Krankheiten auszustehen, von denen, Gottlob! der arme Mann nichts weiß; denn es giebt Krankheiten, die nicht in der Luft stecken, sondern in den vollen Schüsseln und Gläsern, in den weichen Sesseln und seidenen Betten, wie jener reiche Amsterdamer ein Wort davon reden kann. Den ganzen Vormittag saß er im Lehnsessel und rauchte Tabak, wenn er nicht zu träge war, oder hielt Maulaffen feil zum Fenster hinaus, aß aber zu Mittag doch wie ein Drescher; und die Nachbarn sagten manchmal: „Windet's draußen oder schnauft der Nachbar so?"

2. Den ganzen Nachmittag aß und trank er ebenfalls bald etwas Kaltes, bald etwas Warmes, ohne Hunger und ohne Appetit, aus lauter langer Weile bis an den Abend, also, daß man bei ihm nie recht sagen konnte, wo das Mittagessen aufhörte, und wo das Nachtessen an-

fing. Nach dem Nachtessen legte er sich ins Bett und war so müd', als wenn er den ganzen Tag Steine abgeladen oder Holz gespalten hätte. Davon bekam er zuletzt einen dicken Leib, der so unbeholfen war, wie ein Maltersack.

3. Essen und Schlaf wollte ihm nimmer schmecken, und er war lange Zeit, wie es manchmal geht, nicht recht gesund und nicht recht krank; wenn man aber ihn selber hörte, so hatte er 365 Krankheiten, nämlich alle Tage eine andere. Alle Ärzte, die in Amsterdam waren, mußten ihm raten. Er verschluckte ganze Feuereimer voll Tränkchen und ganze Schaufeln voll Pulver und Pillen — wie Enteneier so groß, und man nannte ihn zuletzt scherzweise nur die zweibeinige Apotheke.

4. Aber alle Arzneien halfen ihm nichts; denn er folgte nicht, was ihm die Ärzte befahlen, sondern sagte: „Wofür bin ich ein reicher Mann, wenn ich soll leben wie ein Hund, und der Arzt will mich nicht gesund machen für mein Geld?" Endlich hörte er von einem Arzt, der hundert Stunden weit wegwohnte, der sei so geschickt, daß die Kranken gesund würden, wenn er sie nur recht anschaue, und der Tod geh' ihm aus dem Weg, wo er sich sehen lasse.

5. Zu dem Arzt faßte er ein Zutrauen und schrieb ihm seinen Umstand. Der Arzt merkte bald, was ihm fehle, nämlich nicht Arznei, sondern Mäßigkeit und Bewegung, und sagte: „Wart', dich will ich bald kuriert haben!" Deswegen schrieb er ihm ein Brieflein folgenden Inhalts: „Guter Freund! Ihr habt einen schlimmen Umstand; doch wird Euch zu helfen sein, wenn Ihr folgen wollt. Ihr habt ein bös Tier im Bauch, einen Lindwurm mit sieben Mäulern! Mit dem Lindwurm muß ich selber reden, und Ihr müßt zu mir kommen.

6. Aber fürs erste dürft Ihr nicht fahren, noch auf dem

Rößlein reiten, sondern auf des Schuhmachers Rappen;
sonst schüttelt Ihr den Lindwurm, und er beißt Euch die
Eingeweide ab, sieben Därme auf einmal ganz entzwei.
Fürs andere dürft Ihr nicht mehr essen, als zweimal
des Tages einen Teller voll Gemüs, Mittags ein Brat=
würstlein dazu, und am Morgen ein Fleischsüpplein mit
Schnittlauch darauf. Was Ihr mehr esset, davon wird
nur der Lindwurm größer, also, daß er Euch die Leber er=
drückt, und der Schneider hat Euch nimmer viel anzumessen,
aber der Schreiner. Dies ist mein Rat; und wenn Ihr
mir nicht folgt, so hört Ihr im andern Frühjahr den Kuckuck
nimmer schreien. Thut was Ihr wollt!"

7. Als der Kranke so mit sich reden hörte, ließ er sich
sogleich den andern Morgen die Stiefel salben, und machte
sich auf den Weg, wie ihm der Doktor befohlen hatte.
Den ersten Tag ging es so langsam, daß wohl eine Schnecke
hätte können Vorreiter sein; und wer ihn grüßte, dem dankte
er nicht, und wo ein Würmlein auf der Erde kroch, das
zertrat er.

8. Aber schon am zweiten und dritten Morgen kam es
ihm vor, als wenn die Vögel schon lange nimmer so lieb=
lich gesungen hätten wie heut'; und der Tau schien ihm so
frisch und die Kornblumen im Felde so rot, und alle Leute,
die ihm begegneten, sahen so freundlich aus, und er auch;
und alle Morgen, wenn er aus der Herberge ausging,
war's schöner und er ging leichter und munterer dahin.
Und als er am achtzehnten Tage in der Stadt des Arztes
ankam und den andern Morgen aufstand, war ihm so wohl,
daß er sagte: „Ich hätte zu keiner ungeschickteren Zeit können
gesund werden als jetzt wo ich zum Doktor soll. Wenn's
mir doch nur ein wenig in den Ohren braus'te, oder das
Herzwasser lief' mir!"

9. Als er nun zum Arzt kam, nahm ihn der bei der Hand, und sagte ihm: „Jetzt erzählt mir denn noch einmal von Grund aus, was Euch fehlt. Da sagte er: „Herr Doktor, mir fehlt Gottlob nichts; und wenn Ihr so gesund seid, wie ich, so soll's mich freuen." Der Arzt sagte: „Das hat Euch ein guter Geist geraten, daß Ihr meinem Rate gefolgt seid. Der Lindwurm ist jetzt abgestanden. Aber Ihr habt noch Eier im Leib', deswegen müßt Ihr wieder zu Fuß heimgehen, und daheim fleißig Holz sägen, daß es niemand sieht, und nicht mehr essen, als Euch der Hunger ermahnt, damit die Eier nicht ausschlüpfen, so könnt Ihr ein alter Mann werden," und lächelte dazu.

10. Aber der reiche Fremdling sagte: „Herr Doktor, ich versteh' Euch wohl," und hat nachher den Rat befolgt, und sieben und achtzig Jahre, vier Monate, zehn Tage gelebt, wie ein Fisch im Wasser so gesund, und hat alle Neujahr dem Arzte ein schön Stück Geld zum Gruß geschickt.

Die drei Zigeuner.

Lenau.

1. Drei Zigeuner fand ich einmal liegen an einer Weide, als mein Fuhrwerk mit müder Qual schlich durch sandige Heide.

2. Hielt der Eine für sich allein in den Händen die Fiedel, spielte, umglüht vom Abendschein, sich ein feuriges Liedel.

3. Hielt der Zweite die Pfeif' im Mund, blickte nach seinem Rauche, froh, als ob er vom Erdenrund nichts zum Glücke mehr brauche.

4. Und der Dritte behaglich schlief, und sein Zymbal am

Baum hing, über die Saiten der Windhauch lief, über sein Herz ein Traum ging.

5. An den Kleidern trugen die Drei Löcher und bunte Flicken, aber sie boten trotzig frei Spott den Erdengeschicken.

6. Dreifach haben sie mir gezeigt, wenn das Leben uns nachtet, wie man's verraucht, verschläft, vergeigt, und es dreimal verachtet.

7. Nach den Zigeunern lang noch schaun mußt' ich im Weiterfahren, nach den Gesichtern dunkelbraun, den schwarzlockigen Haaren.

Die Auswanderer.

Freiligrath.

1. Ich kann den Blick nicht von euch wenden, ich muß euch ansehn immerdar; wie reicht ihr mit geschäft'gen Händen dem Schiffer eure Habe dar!

2. Ihr Männer, die ihr von dem Nacken die Körbe langt, mit Brot beschwert, die ihr aus deutschem Korn gebacken, geröstet habt auf deutschem Herd;

3. Und ihr im Schmuck der langen Zöpfe, ihr Schwarzwaldmädchen, braun und schlank, wie sorgsam stellt ihr Krüg' und Töpfe auf der Schaluppe grüne Bank!

4. Das sind dieselben Töpf' und Krüge, oft an der Heimat Born gefüllt; wenn am Missouri alles schwiege, sie malten euch der Heimat Bild:

5. Des Dorfes steingefaßte Quelle, zu der ihr schöpfend euch gebückt; des Herdes traute Feuerstelle, das Wandgesims, das sie geschmückt.

6. Bald zieren sie im fernen Westen des leichten Bretterhauses Wand; bald reicht sie müden, braunen Gästen voll frischen Trankes eure Hand.

7. Es trinkt daraus der Tscherokese, ermattet, von der Jagd bestaubt; nicht mehr von deutscher Rebenlese tragt ihr sie heim, mit Grün belaubt.

8. O sprecht! Warum zogt ihr von dannen? Das Neckarthal hat Wein und Korn; der Schwarzwald steht voll finstrer Tannen, im Spessart klingt des Älplers Horn.

9. Wie wird es in den fremden Wäldern euch nach der Heimatberge Grün, nach Deutschlands gelben Weizenfeldern, nach seinen Rebenhügeln ziehn!

10. Wie wird das Bild der alten Tage durch eure Träume glänzend wehn, gleich einer stillen, frommen Sage wird es euch vor der Seele stehn!

11. Der Bootsmann winkt — zieht hin in Frieden; Gott schütz' euch, Mann und Weib und Greis! Sei Freude eurer Brust beschieden, und euren Feldern Reis und Mais!

— ⚬ —

Der Wilde.

Seume.

1. Ein Kanadier, der noch Europens übertünchte Höflich=keit nicht kannte, und ein Herz, wie Gott es ihm gegeben, von Kultur noch frei, im Busen fühlte, brachte, was er mit des Bogens Sehne fern in Quebeks übereisten Wäl=dern auf der Jagd erbeutet, zum Verkaufe.

2. Als er ohne schlaue Rednerkünste, so wie man ihm bot, die Felsenvögel um ein Kleines hingegeben hatte, eilt' er, froh mit dem geringen Lohne, heim zu seinen tiefver=steckten Horden, in die Arme seiner braunen Gattin. Aber ferne noch von seiner Hütte überfiel ihn unter freiem

Himmel schnell der schrecklichste der Donnerstürme. Aus
dem langen, rabenschwarzen Haare troff der Guß herab
auf seinen Gürtel, und das grobe Haartuch seines Kleides
klebte rund an seinem hagern Leibe.

3. Schaurig zitternd unter kaltem Regen eilete der gute,
wackre Wilde in ein Haus, das er von fern erblickte.
„Herr, ach, laß mich bis der Sturm sich leget," bat er
mit der herzlichsten Geberde den gesittet seinen Eigentümer,
„Obdach hier in eurem Hause finden." „Willst du, miß-
gestaltet Ungeheuer," schrie ergrimmt der Pflanzer ihm
entgegen, „willst du, Diebsgesicht, mir aus dem Hause!"
Und ergriff den schweren Stock im Winkel.

4. Traurig schritt der ehrliche Hurone fort von dieser
unwirtbaren Schwelle, bis durch Sturm und Guß der späte
Abend ihn in seine friedliche Behausung und zu seiner
braunen Gattin brachte. Naß und müde setzt' er bei dem
Feuer sich zu seinen nackten Kleinen nieder, und erzählte
von den bunten Städtern, und den Kriegern, die den
Donner tragen, und dem Regensturm, der ihn ereilte, und
der Grausamkeit des weißen Mannes. Schmeichelnd hingen
sie an seinen Knieen, schlossen schmeichelnd sich um seinen
Nacken, trockneten die langen, schwarzen Haare, und durch-
suchten seine Weidmannstasche, bis sie die versprochnen
Schätze fanden.

5. Kurze Zeit darauf hatt' unser Pflanzer auf der Jagd
im Walde sich verirret. Über Stock und Stein, durch
Thal und Bäche stieg er schwer auf manchen jähen Felsen,
um sich umzusehen nach dem Pfade, der ihn tief in diese
Wildnis brachte. Doch sein Späh'n und Rufen war ver-
gebens; nichts vernahm er als das hohle Echo längs den
hohen, schwarzen Felsenwänden. Ängstlich ging er bis zur

zwölften Stunde, wo er an dem Fuß des nächsten Berges noch ein kleines, schwaches Licht erblickte. Furcht und Freude schlug in seinem Herzen, und er faßte Mut und nahte leise. „Wer ist draußen?" brach mit Schreckens= tone eine Stimme tief her aus der Höhle, und ein Mann trat aus der kleinen Wohnung. „Freund, im Walde hab' ich mich verirret," sprach der Europäer, furchtsam schmei= chelnd; „gönnet mir, die Nacht hier zuzubringen, und zeigt nach der Stadt, ich werd' euch danken, morgen früh mir die gewissen Wege."

6. „Kommt herein," versetzt' der Unbekannte; „wärmt euch, noch ist Feuer in der Hütte!" Und er führt ihn auf das Binsenlager, schreitet finster trotzig in den Winkel, holt den Rest von seinem Abendmahle, Hummer, Lachs und frischen Bärenschinken, um den späten Fremdling zu bewirten. Mit dem Hunger eines Weidmanns speiste fest= lich, wie bei einem Hochzeitsschmause, neben seinem Wirt der Europäer. Fest und ernsthaft schaute der Hurone seinem Gaste spähend auf die Stirne, der mit tiefem Schnitt den Schinken trennte, und mit Wollust trank vom Honig= tranke, den in einer großen Muschelschale er ihm freund= lich zu dem Mahle reichte. Eine Bärenhaut auf weichem Moose ward des Pflanzers gute Lagerstätte, und er schlief bis in die hohe Sonne.

7. Wie der wilden Zone wild'ster Krieger, schrecklich, stand mit Köcher, Pfeil und Bogen der Hurone jetzt vor seinem Gaste, und erweckt' ihn. Und der Europäer griff bestürzt nach seinem Jagdgewehre; und der Wilde gab ihm eine Schale, angefüllt mit süßem Morgentranke. Als er lächelnd seinen Gast gelabet, bracht' er ihn durch manche lange Windung, über Stock und Stein, durch Thal und Bäche, durch das Dickicht auf die rechte Straße.

8. Höflich dankte sein der Europäer; finsterblickend blieb der Wilde stehen, sahe starr dem Pflanzer in die Augen, sprach mit voller, fester, ernster Stimme: „Haben wir vielleicht uns schon gesehen?“ Wie vom Blitz getroffen stand der Jäger, und erkannte nun in seinem Wirte jenen Mann, den er vor wenig Wochen in dem Sturmwind aus dem Hause jagte; und er stammelte verwirrt Entschuldigungen. Ruhig lächelnd sagte der Hurone: „Seht, ihr fremden, klugen, weißen Leute, seht, wir Wilden sind doch bess're Menschen!“ Und er schlug sich seitwärts in die Büsche.

Die Teilung der Erde.

Indianersage.

1. Als der große Geist die Flüsse, die Luft und den Wald geschaffen und sie mit allerlei Tieren belebt hatte, beschied er den roten Mann und seinen jüngeren Bruder, den weißen, zu sich in seine Wohnung, und zeigte ihnen die vielen Büffel, Bären, Ottern und Biber. „Seht,“ sagte er, „diese meine Geschöpfe gebe ich euch zum Eigentum; ihr sollt über sie herrschen, und sie sollen euch zur Nahrung dienen.“ Darauf begann er, sie zu verteilen. Der rote Mann, den er am meisten liebte, weil er ein munterer, kräftiger und furchtloser Bursche war, erhielt die stärksten und edelsten Tiere; dem weißen Manne wurde das Schaf, das Schwein, die Kuh, die Ente und die Gans zugeteilt, und von den Fischen erhielt er nur die dünnen und leichten, die man bequem mit der Angelrute herausziehen kann, während die des roten Mannes so dick und

so lang waren, daß er große Speere brauchte, um sie zu fangen.

2. Darauf nahm der weiße Mann die ihm zugeteilten Tiere und trieb sie auf eine freundliche Ebene mit fettem Boden und üppigem Grase. Da zähmte er sie und band Pferde und Ochsen zum Fahren und Pflügen zusammen, aß das Fleisch des trägen Schweines und machte sich aus der Wolle des geduldigen Schafes Kleider.

3. Der rote Mann wickelte seine Tiere in eine große Decke, die er zufällig bei sich hatte, und legte sich dann schlafen. Nach einigen Tagen erwachte er wieder, doch als er sich nach seinen Tieren umsah, waren sie alle verschwunden. Sie waren, während er schlief, herausgekrochen und hatten sich in Wald und Feld einen angenehmen Aufenthalt gesucht. Um sie wieder einzufangen, mußte er nun das Geschäft des Jagens betreiben, das ihm so viel Vergnügen machte, daß es ihn später nie reute, zu jener Zeit geschlafen zu haben. Auch seine Nachkommen haben ihm deshalb nie einen Vorwurf gemacht.

Johann, der muntre Seifensieder.

Hagedorn.

1. Johann, der muntre Seifensieder, erlernte viele schöne Lieder, und sang mit unbesorgtem Sinn vom Morgen bis zum Abend hin. Sein Tagwerk konnt' ihm Nahrung bringen, und wenn er aß, so mußt' er singen; und wenn er sang, so war's mit Lust, aus vollem Hals und freier Brust. Beim Morgenbrot, beim Abendessen blieb Ton und

Triller nicht vergessen; der schallte recht und seine Kraft durchdrang die halbe Nachbarschaft. Man horcht, man fragt: „Wer singt schon wieder? Wer ist's?" — Der muntre Seifensieder.

2. Nun wohnte diesem in der Nähe der Sprößling einer reichen Ehe, der, stolz und steif und bürgerlich, im Schmausen keinem Fürsten wich; der stets zu halben Nächten saß und ausgesuchte Speisen aß. Und wenn dann mit den Morgenstunden sein erster Schlaf sich eingefunden, so ließ ihm den Genuß der Ruh' der nahe Sänger nimmer zu. „O Jammer, mit dem Seifensieder! Kaum schließ' ich meine Augenlider, so lärmt und schreit mir der schon wieder, und keine Ruh' wird mir zu teil; ach, wär' der Schlaf wie Austern feil!"

3. Da hat er's endlich ausgesonnen; er läßt den Sänger zu sich kommen und spricht: „Mein lustiger Johann, wie geht es euch? Wie fangt ihr's an? Es rühmt ein jeder eure Ware; sagt, wie viel bringt sie euch im Jahre?" — „Im Jahre, Herr? Mir fällt nicht bei, wie groß im Jahr mein Ausfall sei. So rechn' ich nicht! Ein Tag bescheret, was der, der auf ihn kommt, verzehret; dies folgt im Jahr, ich weiß die Zahl, dreihundert fünf und sechzig mal." — „Ganz recht! Doch könnt ihr mir's nicht sagen, was pflegt ein Tag wohl einzutragen?" — „Mein Herr, ihr forschet allzusehr; der eine wenig, mancher mehr, so wie es fällt; jedoch zur Klage bringt mich nicht mancher meiner Tage."

4. Dies schien den Reichen zu erfreun. „Hans," spricht er, „du sollst glücklich sein. Jetzt bist du nur ein schlichter Prahler; da hast du bare fünfzig Thaler, nur unterlaß mir den Gesang! Das Geld hat einen bessern Klang."

Er dankt und schleicht mit scheuem Blicke, mit mehr als dieb'scher Furcht zurücke. Er herzt den Beutel, den er hält, und zählt und wägt und schwenkt das Geld, das Geld, den Ursprung neuer Freude, und seiner Augen süße Weide. Es wird mit stummer Lust beschaut, und einem Kasten anvertraut, den Band und starke Schlösser hüten, beim Einbruch Dieben Trotz zu bieten, und den er selbst im Traum der Nacht mit sorgenvoller Angst bewacht. Sobald sich nur der Haushund reget, sobald der Kater sich beweget, durchsucht er alles, bis er glaubt, daß ihn kein frecher Dieb beraubt.

5. Er lernt zuletzt, je mehr er spart, wie Reichtum sich mit Sorge paart, und wie des Geldes dunkle Freuden den Menschen von der Freiheit scheiden, die nur in reinen Seelen strahlt und deren Glück kein Geld bezahlt. Dem Nachbar, den er stets geweckt, bis er das Geld ihm zu= gesteckt, dem stellt er bald aus Lust zur Ruh' den vollen Beutel wieder zu. Und spricht: „Herr, lehrt mich beff're Sachen, als statt des Singens Gold bewachen! Nehmt immer euren Beutel hin und laßt mir meinen frohen Sinn! Fahrt fort, mich heimlich zu beneiden; ich tausche nicht mit euren Freuden. Der Himmel hat mich recht geliebt, der mir die Stimme wiedergiebt. Was ich gewesen, werd' ich wieder: Johann, der muntre Seifensieder!"

Der Geizige.

Lessing.

1. „Ich Unglücklicher!" klagte ein Geizhals seinem Nach= bar. „Man hat mir den Schatz, den ich in meinem

Garten vergraben hatte, diese Nacht entwendet und einen großen Stein an dessen Stelle gelegt."

2. „Dir würde," antwortete der Nachbar, „dein Schatz doch nichts genützt haben. Bilde dir also ein, der Stein sei dein Schatz und du bist um nichts ärmer."

3. „Wäre ich auch schon um nichts ärmer," erwiderte der Geizhals, „ist ein anderer nicht um so viel reicher? Ich möchte rasend werden."

Das Glück von Edenhall.

Uhland.

1. Von Edenhall der junge Lord läßt schmettern Fest- trommetenschall, er hebt sich an des Tisches Bord und ruft in trunk'ner Gäste Schwall: „Nun her mit dem Glücke von Edenhall!"

2. Der Schenk vernimmt ungern den Spruch, des Hau- ses ältester Vasall, nimmt zögernd aus dem seidnen Tuch das hohe Trinkglas von Krystall; sie nennen's das Glück von Edenhall.

3. Darauf der Lord: „Dem Glas zum Preis schenk' Roten ein aus Portugal!" Mit Händezittern gießt der Greis, und purpurn Licht wird überall: es strahlt aus dem Glücke von Edenhall.

4. Da spricht der Lord und schwingt's dabei: „Dies Glas von leuchtendem Krystall gab meinem Ahn am Quell die Fei; drein schrieb sie: ‚Kommt dies Glas zu Fall, fahr' wohl dann, o Glück von Edenhall!'

5. Ein Kelchglas ward zum Los mit Fug dem freud'- gen Stamm von Edenhall: wir schlürfen gern mit vollem

Zug, wir läuten gern mit lautem Schall. Stoßt an mit dem Glücke von Edenhall!"

6. Erst klingt es milde, tief und voll, gleich dem Gesang der Nachtigall, dann wie des Waldstroms laut Geroll, zuletzt erdröhnt wie Donnerhall das herrliche Glück von Edenhall.

7. „Zum Horte nimmt ein kühn Geschlecht sich den zerbrechlichen Krystall; er dauert länger schon, als recht, greift an! mit diesem kräft'gen Prall versuch' ich das Glück von Edenhall."

8. Und als das Trinkglas gellend springt, springt das Gewölb' mit jähem Knall, und aus dem Riß die Flamme dringt; die Gäste sind zerstoben all' mit dem brechenden Glücke von Edenhall.

9. Am Morgen irrt der Schenk allein, der Greis, in der zerstörten Hall', er sucht des Herrn verbrannt Gebein, er sucht im grausen Trümmerfall die Scherben des Glücks von Edenhall.

10. „Die Steinwand" — spricht er — „springt zu Stück, die hohe Säule muß zu Fall; Glas ist der Erde Stolz und Glück, in Splitter fällt der Erdenball einst gleich dem Glücke von Edenhall."

Der Wegweiser.

Hebel.

1. Weißt, wo der Weg zum Mehlfaß ist? Zum vollen Faß? — Im Morgenwind am Pflug durch's Feld, bis Stern' und Stern' am Himmel aufgegangen sind.

2. Man sieht nicht um und bleibt nicht stehn, und hackt,

so lang der Tag noch da. Zur Scheune dann, zur Küche dann, und sieh, da haben wir es ja!

3. Weißt, wo der Weg zum Thaler ist? Der geht dem Pfennig hinterher. Und wer nicht auf den Pfennig sieht, bekommt den Thaler nimmermehr.

4. Wo ist der Weg zur Sonntagsruh? Geh hübsch dem Werkeltage nach die Werkstatt durch, durchs Ackerfeld, der Sonntag kommt von selbst darnach.

5. Am Samstag ist er nicht mehr weit. Was deckt er wohl im Körbchen zu? Ich denk' mir: Fleisch zum Sonntagskohl, vielleicht ein Schöppchen Wein dazu.

6. Weißt, wo der Weg zur Armut geht? Wo Schenken sind, da sieh nur hin! Geh nicht vorbei, 's ist guter Wein, 's sind nagelneue Karten drin.

7. Am letzten Wirtshaus hängt ein Sack, und wann du fortgehst, häng' ihn an! Du alter Lump, wie steht dir nicht der Bettelsack so zierlich an!

8. Wo geht der Weg zu Fried' und Ehr, zu einem guten Alter hin? Grad aus, grad aus in Mäßigkeit, in Pflicht und Recht mit stillem Sinn.

9. Und wenn du an dem Kreuzweg stehst, und weißt nicht mehr, wo aus und ein — Halt still, frag' dein Gewissen erst; es kann ja deutsch, drum folge ihm!

10. Wo mag der Weg zum Kirchhof sein? Was fragst du noch, du liebe Seel'? Geh' wo du willst! Zum kühlen Grund führt jeder Weg, du gehst nicht fehl.

Wilhelm Tell.

1. Geßler, der österreichische Vogt der Schweiz, ließ eine Stange auf dem Marktplatz zu Altdorf errichten und einen Hut auf dieselbe hängen. Er befahl dann, daß jeder, der dort vorüber gehe, sich so demütig vor dem Hut beugen solle, als ob er es selbst wäre.

2. Es geschah nun, daß der Schütze Tell mit seinem Söhnlein Walther über den Platz ging. Doch Tell beugte sich nicht und ging stolz seines Weges weiter. Da wurde er sofort von der Wache ergriffen und vor den Vogt geführt. Dieser war sehr erzürnt ob der Frevelthat. Zur Strafe für den Ungehorsam befahl er dem Tell, auf hundert Schritt einen Apfel von dem Haupte seines Söhnleins zu schießen.

3. Die Thränen des unglücklichen Vaters vermochten nicht, das Herz des grausamen Vaters zu rühren. Tell erklärte, er wolle lieber sterben, als den Schuß wagen. Doch Geßler antwortete: „Ich will dein Leben nicht, ich will den Schuß!“

4. Tell schoß und traf den Apfel; sein geliebtes Söhnchen war unverletzt. Doch der Schütze hatte noch einen zweiten Pfeil aus seinem Köcher herausgenommen. Als Geßler ihn nun fragte, wozu der dienen sollte, gab Tell die ausweichende Antwort, daß dies also gebräuchlich wäre bei den Schützen. Jedoch Geßler war nicht damit zufrieden. Er drang in Tell, ihm die Wahrheit zu sagen und sicherte ihm sein Leben zu.

5. Darauf sprach Tell, indem er den Tyrannen mit einem fürchterlichen Blicke ansah: „Mit diesem zweiten

Pfeil würde ich euch erschossen haben, wenn ich mein liebes Kind getroffen hätte, und eurer hätte ich wahrlich nicht gefehlt!"

6. Da ließ Geßler den Schützen binden, um ihn in einen tiefen, finsteren Kerker zu werfen. Doch auf dem Wege dorthin, als sie über einen tiefen See fuhren, erhob sich ein fürchterlicher Sturm, wodurch es Tell gelang, zu entkommen. Auch Geßler entging der Wut der Elemente, doch Tell erschoß ihn, als er kurz nachher mit seinen Mannen nach Küßnacht ritt. Dadurch wurde der Schütze Tell der Gründer des helvetischen Freistaates.

—◦—

Der Postillion.

Lenau.

1. Lieblich war die Maiennacht, Silberwölklein flogen, ob der holden Frühlingspracht freudig hingezogen.

2. Schlummernd lagen Wies' und Hain, jeder Pfad verlassen; niemand als der Mondenschein wachte auf der Straßen.

3. Leise nur das Lüftchen sprach, und es zog gelinder durch das stille Schlafgemach all' der Frühlingskinder.

4. Heimlich nur das Bächlein schlich, denn der Blüten Träume dufteten gar wonniglich durch die stillen Räume.

5. Rauher war mein Postillion, ließ die Geißel knallen, über Berg und Thal davon frisch sein Horn erschallen.

6. Und von flinken Rossen vier scholl der Hufe Schlagen, die durchs blühende Revier trabten mit Behagen.

7. Wald und Flur im schnellen Zug kaum gegrüßt —

gemieden; und vorbei, wie Traumesflug, schwand der Dörfer Frieden.

8. Mitten in dem Maienglück lag ein Kirchhof innen, der den raschen Wanderblick hielt zu ernstem Sinnen.

9. Hingelehnt an Bergesrand war die bleiche Mauer, und das Kreuzbild Gottes stand hoch, in stummer Trauer.

10. Schwager ritt auf seiner Bahn stiller jetzt und trüber; und die Rosse hielt er an, sah zum Kreuz hinüber:

11. „Halten muß hier Roß und Rad, mag's euch nicht gefährden: drüben liegt mein Kamerad in der kühlen Erden!

12. Ein gar herzlieber Gesell! Herr, 's ist ewig schade! Keiner blies das Horn so hell wie mein Kamerade.

13. Hier ich immer halten muß, dem dort unterm Rasen zum getreuen Brudergruß sein Leiblied zu blasen!"

14. Und dem Kirchhof sandt' er zu frohe Wandersänge, daß es in die Grabesruh seinem Bruder dränge.

15. Und des Hornes heller Ton klang vom Berge wieder, ob der tote Postillion stimmt in seine Lieder. —

16. Weiter ging's durch Feld und Hag mit verhängtem Zügel; lang mir noch im Ohre lag jener Klang vom Hügel.

Drei Schneider am Rhein.

Herloßsohn.

1. Es kamen drei Schneider wohl über den Rhein, und kehrten beim Gastwirt zu Ingelheim ein, am Rhein, am Rhein.

2. Sie hatten im Sack keinen Heller mehr, doch dürstete jeden von ihnen gar sehr nach Wein, nach Wein.

3. „Herr Wirt, wir han kein'n Kreuzer Geld, doch waren wir weit herum in der Welt, am Rhein, am Rhein.

4. Wir können ein jeder ein Meisterstück, das lehren wir ihn, das bringt ihm Glück, für Wein, für Wein."

5. „Ihr Burschen! ich will euer Narr nicht sein, ich bin ja der Gastwirt zu Ingelheim am Rhein, am Rhein!

6. Und könnt ihr nicht jeder ein Meisterstück, so brech' ich auch jedem von euch das Genick, statt Wein, statt Wein."

7. Der Erste nun fing einen Sonnenstrahl und fädelt ihn ein in die Nadel von Stahl, am Rhein, am Rhein.

8. Er näht ein zerbrochnes Weinglas zusamm'n, daß man auch die Naht nicht erkennen kann im Wein, im Wein.

9. Der Zweite drauf eine Mücke fing, die grad über seine Nase ging am Rhein, am Rhein.

10. Die Mücke, die hatt' in dem Strumpfe ein Loch, so klein es auch war, er stopfte es doch für Wein, für Wein.

11. Der Dritte, der nahm nun die Nadel zur Hand und bohrte sie mächtig und tief in die Wand am Rhein, am Rhein.

12. Er flog wie ein Blitzstrahl durchs Nadelöhr, — ich hab' es gesehen, bei meiner Ehr! beim Wein, beim Wein.

13. Der Wirt sprach: „So was hab' ich noch nie gesehn, drum soll auch, ihr Bursch', euch mein Dank nicht entgehn am Rhein, am Rhein."

14. Er nahm einen Fingerhut, schenkte ihn voll: „Da Burschen! nun sauft euch voll und toll im Wein, im Wein!"

Der Stotterer.

Castelli.

1. Thomas Hase mußt' erscheinen bei dem Amt der Kon=
skribierten; als sie dort ihn visitierten, fing er an gar sehr zu
weinen, sprechend: „He—Herr Offizier! ni—ni—nichts se—
fehlet mir, aber sto—sto—stottern thu ich." Der versetzte:
„Sei nur ruhig, denn man braucht dich nicht zum Sprechen,
sondern nur zum Haun und Stechen!"

2. „Aber," sagte Thomas weiter, „wenn vor einem Ze—
Ze—Zelte man als Wa—Wa—Wacht mich stellte, und die
Fei—Fei—Feindesreiter sp—sp—sprengten auf mich ein,
könnt' nicht We—We—Werda? schrein."

3. Lächelnd sprach der Offizier: „Das thut auch nichts,
glaube mir, wenn die Wach' nur schreien kann, auf das
Wort kommt's da nicht an!"

4. Immer stärker weinte Hase, so daß ihm die hellen
Thränen liefen über Wang' und Nase. „Ach! ich mu—muß
noch erwähnen," schrie er, „se—se—setzen wir, ein Fei—
Feind hau—haut nach mir, oder sch—sch—schießt sogar, o
ich a—a—armer Narr! Au—au—aus wär's mi—mit mir,
denn nicht sch—sch—schnell, wie ihr, könnt' Pa—Pa—Par=
don! ich schrein!"

Wahrheit findet keine Herberge.

J. Pauli.

1. Es kamen einmal vier Jungfrauen zusammen, scherzten
mit einander und waren guter Dinge. Da sprach eine:
„Wenn wir nun aus einander gehen, wo finden wir uns
wieder?"

2. Die erste dieser Jungfrauen hieß Feuer, die zweite Wasser, die dritte Luft und die vierte Wahrheit. „Feuer, wo finden wir dich?" fragte die eine weiter.

3. „In einem harten Stein; schlagt nur daran mit einem harten Stahl und ich komme heraus."

4. „Luft, wo finden wir dich?" — „Blickt nur dahin, wo ein Blättlein am Baume zittert; dort wohne ich."

5. „Wasser, wo finden wir dich?" — „Wo Binsen stehen, da grabet bis zur Wurzel und ich komme zum Vorschein."

6. „Edle Wahrheit, wo finden wir dich?" — „O ihr lieben Schwestern," klagte diese, „jede von euch hat eine Heimat; mir aber giebt niemand Herberge, denn ich bin von jedermann gehaßt."

Der Künstler und sein Publikum.

Rückert.

1. Der Stumme sprach zum Blinden: „Mir würd' ein Gefall'n geschehn, könnt' ich den Harfner finden; hast du ihn nicht gesehn? Ich selber mache mir nicht so viel aus Harfenton, doch wünsch' ich sehr, er spielte für meinen tauben Sohn."

2. Der Blinde sprach: „Soeben hab' ich den Mann gesehn; mein lahmer Läufer daneben soll ihn zu holen gehn. Da lief der lahme Läufer, wie man Befehl ihm gab; schnell lief er nach dem Harfner die Straßen auf und ab.

3. Der Harfner kam gegangen und machte seinen Gruß. Er hatte keine Arme und spielte mit dem Fuß. Er spielt', daß vor Entzücken der Taube war ganz Ohr, der Blind' ihn maß mit Blicken, der Stumme jauchzt' empor.

4. Der Lahme ließ zum Tanze sich an und sprang mit Macht; beisammen blieb die ganze Gesellschaft bis in die Nacht. Und als sie nun sich schieden, war mit des Harfners Kunst das Publikum zufrieden, und er mit dessen Gunst.

Rübezahl.

Musäus.

1. Einem Bauern im schlesischen Gebirge hatte ein Nachbar Hab und Gut abgerechnet, sodaß ihm nichts übrig geblieben war, als sein Weib und ein halbes Dutzend Kinder. „Mit hundert Thalern," sprach er zu dem kummervollen Weibe, „wäre uns geholfen. Du hast reiche Vettern jenseits des Gebirges; ich will hin und ihnen unsere Not klagen, vielleicht, daß sich einer unser erbarmt und uns Geld auf Zinsen leiht."

2. Das niedergedrückte Weib willigte mit schwacher Hoffnung eines glücklichen Erfolgs auf diesen Vorschlag ein. Darauf steckte der Mann eine harte Brotrinde zur Zehrung in die Tasche und ging davon. Müde und matt gelangte er zur Abendzeit im Dorfe an, wo die reichen Vettern wohnten; aber keiner wollte ihn kennen, noch viel weniger beherbergen. Ja, sie kränkten den armen Mann noch mit beleidigenden Sprichwörtern. Einer sprach: „Junges Blut, spar' dein Gut!" der andere: „Hoffart kommt vor dem Falle"; der dritte: „Wie man's treibt, so geht's"; und der vierte: „Jeder ist seines Glückes Schmied." Sie nannten ihn einen Verschwender und Faulenzer, und stießen ihn zur Thüre hinaus. Stumm und traurig schlich er von dannen und übernachtete auf einem Heuhaufen im Felde. Da kam er

auf den Gedanken, sich in seiner Not an den Geist des Gebirges zu wenden. Er hatte viel abenteuerliche Geschichten von ihm gehört, wie er die Reisenden gefoppt, mitunter aber auch etwas Gutes gethan habe. Es war ihm nicht unbekannt, daß er sich bei seinem Spottnamen nicht ungestraft rufen lasse; dennoch wußte er ihm auf keine andere Weise beizukommen. Er riskierte also eine Prügelei und rief so laut er konnte: „Rübezahl! Rübezahl!"

3. Auf diesen Ruf erschien alsbald eine Gestalt gleich einem rußigen Köhler mit einem fuchsroten Bart, der bis an den Gürtel reichte; er erhob eine schwere Schürstange, um den frechen Spötter zu erschlagen. „Herr Rübezahl," sprach der Bauer erschrocken, „verzeiht, wenn ich euch nicht recht tituliere; hört mich nur an, dann thut, was euch gefällt. Ihr sollt mir hundert Thaler leihen; ich zahle sie euch mit landesüblichen Zinsen in drei Jahren wieder, so wahr ich ehrlich bin."

4. „Narr," sprach Rübezahl, „bin ich ein Wucherer, der auf Zinsen leiht? Gehe hin zu deinen Menschenbrüdern und borge da so viel dir not thut; mich aber laß in Ruhe!" — „Ach," erwiderte der Bauer, „mit der Menschenbrüderschaft ist's aus!" Darauf erzählte er ihm seine Geschichte ausführlich und schilderte ihm sein Elend so rührend, daß ihm der Geist seine Bitte nicht abschlagen konnte. Er führte ihn darauf in ein abgelegenes Thal an einen schroffen Felsen, dessen Fuß ein dichter Busch bedeckte.

5. Nachdem sich der Bauer und sein Begleiter mit Mühe durchs Gesträuch gearbeitet hatten, gelangten sie zum Eingang einer finsteren Höhle. Dem Landmann war nicht wohl dabei zu Mute, da er so im Dunkeln herumtappen

mußte; es lief ihm ein kalter Schauer über den Rücken und seine Haare sträubten sich. Rübezahl hatte schon manchen betrogen, dachte er; wer weiß, in welchen Abgrund er mich stürzen will. Je weiter er fortschritt, desto mehr engten ihm Furcht und Grausen das Herz ein. Bald sah er in der Ferne ein blaues Flämmchen hüpfen; das Berggewölbe erweiterte sich zu einem großen Saale, das Flämmchen brannte hell und schwebte als ein Hängeleuchter in der Mitte der Felsenhalle. Auf dem Pflaster derselben fiel ihm eine kupferne Bratpfanne in die Augen, mit harten Thalern bis an den Rand gefüllt. Als der Bauer den Geldschatz erblickte, schwand alle seine Furcht und das Herz hüpfte ihm vor Freude.

6. „Nimm," sprach der Berggeist, „was du bedarfst, es sei wenig oder viel, und stelle mir einen Schuldschein aus, wenn du der Schreiberei kundig bist." Der Bauer bejahte dies und zählte sich gewissenhaft die hundert Thaler zu, keinen mehr und keinen weniger. Rübezahl schien auf das Zählungsgeschäft gar nicht zu achten; er drehte sich weg und suchte seine Schreibmaterialien hervor. Der Bauer schrieb den Schuldbrief so bündig wie möglich. Nachdem ihn der Geist in einen eisernen Kasten gethan hatte, sprach er: „Zieh' hin, mein Freund, und nutze dein Gold mit arbeitsamer Hand. Vergiß nicht, daß du mein Schuldner bist, und merke dir den Eingang in das Thal und diese Felsenkluft ganz genau. Sobald das dritte Jahr verflossen ist, zahlst du mir Kapital und Zins zurück; ich bin ein strenger Gläubiger!" Dies versprach dann auch der ehrliche Bauer und schied mit dankbarem Herzen.

7. Freudig und gestärkt schritt er nun seiner Wohnung zu. Sobald ihn die abgezehrten Kinder erblickten, schrieen

sie ihm entgegen: „Brot, Vater, Vater! Du hast uns
lange hungern lassen!" Das abgehärmte Weib saß in
einem Winkel und weinte, denn sie fürchtete, daß ihr
Mann eine schlimme Botschaft bringen würde. Er aber
bot ihr freundlich die Hand und bat sie, Feuer auf dem
Herde zu machen, denn er hatte Grütze und Hirse mitge=
bracht. Davon kochte sie dann einen Brei, der so steif
war, daß der Löffel darin stand. Nachher gab er ihr
Bericht von dem guten Erfolg seines Geschäftes.

8. „Deine Vettern," sprach er, „sind gar rechtliche Leute;
sie haben mir meine Armut nicht vorgeworfen, sondern
mich freundlich beherbergt und mir hundert Thaler vor=
schußweise auf den Tisch gezählt." Da fiel dem guten
Weibe ein schwerer Stein vom Herzen, der sie lange ge=
drückt hatte. „Wären wir," sagte sie, „früher vor die
rechte Schmiede gegangen, so hätten wir uns manchen
Kummer ersparen können." Hierauf that sie recht stolz
auf ihre reichen Vettern.

9. Der Mann ließ ihr nach so vielen Trangsalen gern
die Freude, die ihrer Eitelkeit so schmeichelhaft war. Da
sie aber nicht aufhörte, die reichen Vettern zu loben, so
sprach der Mann eines Tages: „Als ich vor der rechten
Schmiede war, weißt du, was mir der Meister Schmied
für eine Antwort gab?" — „Welche?" fragte die Frau.
„Jeder," sagte er, „sei seines Glückes Schmied, und man
müsse das Eisen schmieden, so lange es heiß sei; drum laß
uns nun die Hände rühren, daß wir etwas vor uns brin=
gen, denn in drei Jahren müssen wir die Schuld nebst
Zinsen abbezahlen."

10. Darauf kaufte er einen Acker, säete und erntete.
Bald kaufte er noch weiteres Land dazu und bald galt er

für einen reichen Mann. Alles glückte ihm. Als die Zahlungsstunde herankam, hatte er so viel erübrigt, daß er ohne Beschwerde seine Schuld abtragen konnte. Er legte das Geld zurecht und an dem bestimmten Tage stand er früh auf und befahl Frau und Kindern, ihre Sonntags= kleider anzuziehen. „Mann, was hast du vor?" fragte die Frau, „wo gedenkst du uns hinzuführen? Es ist doch heute kein Feiertag." Er antwortete: „Ich will mit euch die reichen Vettern jenseits des Gebirges besuchen und meinem Gläubiger Schuld und Zins bezahlen, denn heute ist der Zahltag." Das gefiel der Frau wohl; sie putzte sich und die Kinder stattlich heraus, damit die reichen Vettern eine gute Meinung von ihrem Wohlstand bekämen. Darauf rüttelte der Mann den schweren Geldsack zusammen und dann setzte er sich mit Frau und Kind auf den Wagen. Hans, der Knecht, peitschte die vier Pferde an und ließ sie dem Riesengebirge zutraben.

11. Vor einem steilen Hohlwege stieg der Bauer mit seiner Familie ab und gebot dem Knechte: „Hans, fahr' langsam den Berg hinein; aber bei den drei Linden sollst du auf uns warten." Darauf schlug er sich mit Frau und Kindern waldein durch dichtes Gebüsch. Nach einer Weile sprach er zu seiner Frau: „Du glaubst wohl, daß wir zu deiner Verwandtschaft ziehen, doch da irrst du dich. Deine reichen Vettern sind Knauser und Schurken, die mich, als ich ihnen meine Armut klagte, von sich stießen. Hier aber wohnt der reiche Vetter, dem wir unseren Wohlstand verdanken; auf heute hat er mich hierher bestellt, daß ich ihm Kapital und Zins auszahle. Weißt du nun, wer unser Schuldherr ist? Es ist der Herr vom Berge, Rübe= zahl genannt." Das Weib entsetzte sich heftig über diese

Rede und schlug ein großes Kreuz; die Kinder geberdeten sich ängstlich vor Furcht und Schrecken, daß sie der Vater vor Rübezahl führen wollte. Sie hatten viel von ihm in der Spinnstube gehört und glaubten, daß er ein Riese und Menschenfresser sei.

12. „Verweilt hier," sprach dann der Bauer, „jetzt gehe ich in die Höhle, um mein Geschäft zu besorgen. Fürchtet nichts, ich werde nicht lange ausbleiben. Scheuet euch nicht, eurem Wohlthäter treuherzig die Hand zu schütteln, wenn sie auch schwarz und rußig ist; er thut euch nichts zu leide."

13. Der Bauer fand nun alle Merkzeichen der Gegend wieder; die alte, halberstorbene Eiche, an deren Wurzel die Kluft sich öffnete, stand noch wie sie vor drei Jahren gestanden hatte, doch von einer Höhle war keine Spur mehr vorhanden. Er versuchte es auf alle mögliche Weise, sich den Eingang in den Berg zu verschaffen. Er nahm einen Stein und klopfte an den Felsen; er sollte, meinte er, sich aufthun. Dann nahm er den schweren Geldsack und rief so laut er nur konnte: „Geist des Gebirges, nimm hin, was dein ist!" Doch der Geist ließ sich weder hören noch sehen. Also mußte sich der ehrliche Schuldner entschließen, mit seinem Geldsack wieder umzukehren.

14. Sobald ihn das Weib und die Kinder von ferne erblickten, eilten sie ihm freudig entgegen; er war jedoch sehr mißmutig darüber, daß er seine Zahlung nicht anbringen konnte und überlegte nun, was zu thun sei. „Ich will," sprach er nach einer Pause, „den Geist wieder bei seinem Spottnamen rufen," und darauf schrie er mit aller Kraft: „Rübezahl! Rübezahl!" Doch der Geist kam nicht.

15. Nun traten sie den Rückweg zu ihrem Fuhrwerk an. Da erhob sich vom Walde her ein sanftes Rauschen in den Bäumen; die schlanken Birken neigten ihre Wipfel und das bewegliche Laub der Espen zitterte. Der Wind kräuselte auf dem Wege kleine Staubwolken empor und die Kinder haschten nach den Blättern, welche umhergetrieben wurden. Unter dem dürren Laube wurde auch ein Blatt Papier über den Weg geweht, auf welches die Kleinen nun Jagd machten. Als es nun ein Knabe glücklich fing und es seinem Vater reichte, schlug dieser das zusammengerollte Papier auf und fand, daß es derselbe Schuldbrief war, den er an den Berggeist ausgestellt hatte; unten aber stand geschrieben: „Zu Dank bezahlt." Da rief der Bauer mit freudigem Entzücken: „Freue dich, liebes Weib, und ihr Kinder, freuet euch, denn unser Wohlthäter hat uns gesehen und weiß nun, daß ich ein ehrlicher Mann bin. Ich bin meiner Zusage quitt und ledig; laßt uns daher mit frohem Herzen heimkehren."

———

Aus dem schlesischen Gebirge.

Freiligrath.

1. Nun werden grün die Brombeerhecken; hier schon ein Veilchen — welch ein Fest! Die Amsel sucht sich dürre Stecken, und auch der Buchfink baut sein Nest. Der Schnee ist überall gewichen, die Koppe nur sieht weiß ins Thal; ich habe mich von Haus geschlichen, hier ist der Ort, — ich wag's einmal: Rübezahl!

2. Hört er's, ich seh' ihm dreist entgegen! Er ist nicht bös! Auf diesen Block will ich mein Leinwandpäckchen

legen — es ist ein richt'ges volles Schock! und fein! Ja,
dafür kann ich stehen, kein bess'res wird gewebt im Thal
— Er läßt sich immer noch nicht sehen! drum frischen
Mutes noch einmal: Rübezahl!

3. Kein Laut! — Ich bin ins Holz gegangen, daß er
uns hilft in unsrer Not! O, meiner Mutter blasse Wan=
gen — im ganzen Haus kein Stückchen Brot! Der Vater
schritt zum Markt mit Fluchen — fänd' er auch Käufer
nur einmal! Ich will's mit Rübezahl versuchen — wo
bleibt er nur? Zum drittenmal: Rübezahl!

4. Er half so vielen schon vor Zeiten — Großmutter
hat mir's oft erzählt! Ja, er ist gut den armen Leuten,
die unverschuldet Elend quält! So bin ich froh, denn
hergelaufen mit meiner richt'gen Ellenzahl! Ich will nicht
betteln, will verkaufen! O, daß er käme! Rübezahl!
Rübezahl!

5. Wenn dieses Päckchen ihm gefiele, vielleicht gar bät'
er mehr sich aus! Das wär' mir recht! Ach, gar zu
viele gleich schöne liegen noch zu Haus! Die nähm' er
alle bis zum letzten! Ach, fiel auf dies doch seine Wahl!
da löst' ich ein, selbst die versetzten — das wär' ein Jubel!
Rübezahl! Rübezahl!

6. Dann trät' ich froh ins kleine Zimmer und riefe:
„Vater, Geld genug! Dann flucht er nicht, dann sagt er
nimmer: ‚ich web' euch nur ein Hungertuch!' Dann lächelte
die Mutter wieder und tischt' uns auf ein reichlich Mahl;
dann jauchzten meine kleinen Brüder — O käm', o käm'
er, Rübezahl! Rübezahl!"

7. So rief der dreizehnjähr'ge Knabe; so stand und rief
er, matt und bleich. Umsonst! nur dann und wann ein
Rabe flog durch des Gnomen altes Reich; so stand und

paßt' er Stund' auf Stunde, bis daß es dunkel ward im Thal, und er halblaut mit zuckendem Munde ausrief durch Thränen noch einmal: Rübezahl!

8. Dann ließ er still das busch'ge Fleckchen und zitterte und sagte: „Hu!" und schritt mit seinem Leinwandpäckchen dem Jammer seiner Heimat zu. Oft ruht' er aus auf moos'gen Steinen, matt von der Bürde, die er trug. Ich glaub', sein Vater webt dem Kleinen zum Hunger- bald das Leichentuch! — Rübezahl?!

————— ⋆ —————

Jungfer Margareth.

Sturm.

1. Das war die träge Margareth, die wollte die Hand nicht regen; da mußte die alte Mutter allein wischen, wa- schen und fegen.

2. Das war die eitle Margareth, die putzte sich schon am Morgen; da mußte die alte Mutter allein Keller und Küche besorgen.

3. Das war die schöne Margareth, die thät den Burschen gefallen; sie tanzten und kos'ten gern mit ihr, doch nahm sie keiner von allen.

4. Das war die verlassene Margareth, es kamen und gingen die Jahre, vorbei war Putz und Spiel und Tanz, die Mutter lag auf der Bahre.

5. Das ist die hungrige Margareth, sie mag die Hand nicht rühren, dort kommt sie mit dem Bettelsack und bettelt vor den Thüren.

Schiffahrt.

Rückert.

1. Wie ein Schifflein auf dem Meere, schwebt das Leben überm Tod, oben, unten, ringsumher von Gefahren stets umdroht.

2. Eine schwache Bretterwand trennet dich von deinem Grab; eines Hauches Unbestand wiegt dich schaukelnd auf und ab.

3. Seien Lüfte noch so klar, sei die Tiefe noch so still: in Gefahr ist immerdar, wer durchs Leben schiffen will.

Des Sängers Fluch.

Uhland.

1. Es stand in alten Zeiten ein Schloß so hoch und hehr, weit glänzt' es über die Lande bis an das blaue Meer, und rings von duft'gen Gärten ein blütenreicher Kranz, drin sprangen frische Brunnen im Regenbogenglanz.

2. Dort saß ein stolzer König, an Land und Siegen reich, er saß auf seinem Throne so finster und so bleich; denn was er sinnt, ist Schrecken, und was er blickt, ist Wut, und was er sinnt, ist Geißel, und was er schreibt, ist Blut.

3. Einst zog nach diesem Schlosse ein edles Sängerpaar, der ein' in gold'nen Locken, der andre grau von Haar, der Alte, mit der Harfe, der saß auf schmuckem Roß, es schritt ihm frisch zur Seite der blühende Genoß.

4. Der Alte sprach zum Jungen: „Nun sei bereit, mein Sohn! Denk' unsrer tiefsten Lieder, stimm' an den voll=

sten Ton; nimm alle Kraft zusammen, die Lust und auch
den Schmerz; es gilt uns heut', zu rühren des Königs
steinern Herz."

5. Schon stehn die beiden Sänger im hohen Säulen=
saal, und auf dem Throne sitzen der König und sein Ge=
mahl; der König furchtbar prächtig wie blut'ger Nord=
lichtschein, die Königin süß und milde, als blickte Vollmond
drein.

6. Da schlug der Greis die Saiten, er schlug sie wunder=
voll, daß reicher, immer reicher der Klang zum Ohre schwoll;
dann strömte himmlisch helle des Jünglings Stimme vor,
des Alten Sang dazwischen wie dumpfer Geisterchor.

7. Sie singen von Lenz und Liebe, von sel'ger, gold'ner
Zeit, von Freiheit, Männerwürde, von Treu' und Heilig=
keit; sie singen von allem Süßen, was Menschenbrust
durchbebt, sie singen von allem Hohen, was Menschenherz
erhebt.

8. Die Höflingsschar im Kreise verlernet jeden Spott,
des Königs trotz'ge Krieger, sie beugen sich vor Gott; die
Königin, zerflossen in Wehmut und in Lust, sie wirft den
Sängern nieder die Rose von ihrer Brust.

9. „Ihr habt mein Volk verführet, verlockt ihr nun mein
Weib?" der König schreit es wütend, er bebt am ganzen
Leib; er wirft sein Schwert, das blitzend des Jünglings
Brust durchdringt, draus statt der gold'nen Lieder ein
Blutstrahl hoch aufspringt.

10. Und wie vom Sturm zerstoben ist all der Hörer
Schwarm, der Jüngling hat verröchelt in seines Meisters
Arm, der schlägt um ihn den Mantel und setzt ihn auf
das Roß, er bind't ihn aufrecht feste, verläßt mit ihm das
Schloß.

11. Doch vor dem hohen Thore, da hält der Sänger-
greis, da faßt er seine Harfe, sie, aller Harfen Preis; an
einer Marmorsäule, da hat er sie zerschellt, dann ruft er,
daß es schaurig durch Schloß und Gärten gellt:

12. „Weh euch, ihr stolzen Hallen! Nie töne süßer
Klang durch eure Räume wieder, nie Saite noch Gesang!
Nein! Seufzer nur und Stöhnen und scheuer Sklaven-
schritt, bis euch zu Schutt und Moder der Rachegeist
zertritt!

13. Weh euch, ihr duft'gen Gärten im holden Maien-
licht! euch zeig' ich dieses Toten entstelltes Angesicht, daß
ihr darob verdorret, daß jeder Quell versiegt, daß ihr in
künft'gen Tagen versteint, verödet liegt.

14. Weh dir, verruchter Mörder, du Fluch des Sänger-
tums! Umsonst sei all dein Ringen nach Kränzen blut'gen
Ruhms! Dein Name sei vergessen, in ew'ge Nacht ge-
taucht, sei wie ein letztes Röcheln in leere Luft verhaucht.“

15. Der Alte hat's gerufen, der Himmel hat's gehört;
die Mauern liegen nieder, die Hallen sind zerstört. Noch
eine hohe Säule zeugt von verschwundner Pracht, auch
diese, schon geborsten, kann stürzen über Nacht.

16. Und rings, statt duft'ger Gärten, ein ödes Heide-
land, kein Baum versendet Schatten, kein Quell durchdringt
den Sand. Des Königs Namen meldet kein Lied, kein
Heldenbuch: Versunken und vergessen! das ist des Sän-
gers Fluch.

Vor den Thüren.

Rückert.

1. Ich habe geklopft an des Reichtums Haus; man reicht mir 'nen Pfennig zum Fenster heraus.

2. Ich klopfte leis an der Ehre Schloß; „hier thut man nur auf dem Ritter zu Roß."

3. Ich habe gesucht der Arbeit Dach; da hört' ich drinnen nur Weh und Ach.

4. Ich suchte das Haus der Zufriedenheit; es kannt' es niemand weit und breit.

5. Nun weiß ich noch ein Häuslein still, wo ich zuletzt anklopfen will.

6. Zwar wohnte darin schon mancher Gast, doch ist für viele im Grab noch Rast.

Des kranken Kindes Freude.

1. In der engen Straße einer großen Stadt, in einer niedrigen Kellerwohnung lebte einmal ein armer kranker Knabe, der von seiner frühesten Kindheit an immer bett= lägerig gewesen war; wenn er einmal recht gesund war, konnte er in dem kleinen Zimmer auf seinen Krücken ein paar Mal auf= und abgehen, und das war alles.

2. Einige Tage im Sommer fielen die Strahlen der Sonne eine halbe Stunde lang auf die kleinen Fenster, und wenn dann der Knabe da saß und die warme Sonne ihn beschien, und er durch seine feinen Finger das Blut sah, dann sprach er: „Ja, heute ist er draußen gewesen."

3. Er kannte den Wald in seinem wunderschönen Früh= lingsgrün nur dadurch, daß des Nachbars Sohn ihm den

ersten Buchenzweig brachte, und den hielt er dann über den Kopf und träumte, er sei unter den Buchen, wo die Sonne schien und die Vögel sangen.

4. Eines Frühlingstages brachte des Nachbars Sohn ihm auch Feldblumen, und unter diesen war zufällig eine mit einer Wurzel, die wurde daher in einen Blumentopf gepflanzt und ans Fenster gestellt, dicht neben dem Bette. Und die Blume war mit einer glücklichen Hand gepflanzt, sie nahm zu, trieb neue Sprößlinge und hatte jedes Jahr ihre Blumen; sie wurde für den kranken Knaben der schönste Garten, sein kleiner Schatz auf dieser Erde. Er begoß und pflegte sie und sorgte, daß sie jeden Sonnenstrahl bekam bis auf den allerletzten, der an dem niedrigen Fenster vorbeiglitt; und die Blume selbst wuchs in seine Träume hinein mit ihren Farben und ihrem Duft; gegen sie wandte er sich, als er sterbend sein mattes Auge schloß.

5. Ein Jahr ist er jetzt tot; ein Jahr hat die Blume verwelkt und vergessen am Fenster gestanden, und nun ist sie bei einem Umzuge mit dem Kehricht auf die Straße geworfen. Und diese Blume hat mehr erfreut, als die herrlichste Blume im Garten eines Königs.

Die Ärzte auf Mallorca.

J. Wichern.

1. Es giebt Leute genug, die sich vom Unglück anderer nähren; mehr als man glaubt. Der Schuster lebt sozusagen von zerrissenen Stiefeln, und der Glaser von zersprungenen oder eingeworfenen Fensterscheiben. Wenn ein Dorf abbrennt oder gar eine Stadt, dann freuen sich Maurer und

Zimmerleute. Würden sich Professoren, Doktoren und Be=
amte das Sterben abgewöhnen, was wollte man mit den
vielen Studenten anfangen, die auf den Hochschulen stu=
dieren?

2. Der Richter lebt von den Verbrechern, und die Sträf=
linge im Zuchthause ernähren eine große Anzahl von Be=
amten. Der Wucherer lebt von des Nächsten Not, und die
Totengräber von des Nächsten Tot; ja, selbst der Henker
wäre zu bedauern, wenn er nicht manchmal einem eine hän=
fene Halsbinde umlegen könnte.

3. Darum ist es begreiflich, daß der Totengräber trostlos
wird, wenn niemand sterben, und der Arzt, wenn niemand
krank werden will. Dennoch giebt es eine Gegend, wo die
Ärzte keinen sehnlicheren Wunsch kennen, als den, es möchten
doch alle Leute immer kerngesund bleiben und wenigstens so
alt werden wie Methusalem, der es auf 969 Jahre gebracht
haben soll. In jener Gegend sind die Ärzte am fröhlichsten,
wenn es jahraus, jahrein weder innere noch äußere Leiden
giebt, weder Lungensucht noch Beinbruch, weder Kopfweh
noch zerquetschte Zehen. Jeder noch so kleine Schmerz ihrer
Mitmenschen stimmt sie traurig, eine etwas ernstlichere Krank=
heit preßt ihnen viele Seufzer aus, zumal wenn sie lange
anhält, und ein allgemeines Sterben, wie es etwa die
Cholera oder das gelbe Fieber verursachen, würde jene
Ärzte der Verzweiflung nahe bringen.

4. Die Sache ist nämlich so: In der großen Stadt Pal=
ma, die auf der spanischen Insel Mallorca im Mittelmeer
liegt, gehen die Ärzte täglich in die Häuser ihrer Kunden,
auch wenn diesen nicht das geringste fehlt. So oft sie
kommen und alles in der betreffenden Familie wohlauf ist,
finden sie in einem Zimmer ein gutes Frühstück, und da=
neben liegt eine Silbermünze, etwa vierzig Cents im Werte,

von den Spaniern Peseta genannt, als Entlohnnng für den Besuch.

5. Das geht so fort, bis ein Glied der Familie un= wohl oder krank wird. In demselben Augenblicke fehlt sowohl das Essen als auch die Peseta, und der Arzt weiß nun ganz wohl, wie viel's geschlagen hat. Er wendet nun seine ganze Kunst an, um die Heilung schnell herbei= zuführen, und die Sorge und Umsicht eines solchen Arztes soll geradezu grenzenlos sein; denn jeder Tag der Krankheit ist ein herber Verlust für ihn. Die blinkende Peseta liegt erst wieder auf dem Tisch, wenn alles gesund ist; bis dahin aber erhält der Arzt nicht das Geschabte vom Nagel. Stirbt aber der Kranke gar, so sieht sich die entrüstete Familie nach einem besseren Hausarzt um, und der alte Arzt kann gesündere Patienten aufsuchen.

6. So kommt es, daß die Ärzte in Mallorca mit un= ermüdlicher Sorgfalt über die Gesundheit ihrer Kunden wachen, und sich schrecklich grämen, wenn einem übel wird. Freilich können sich nur die Reichen, denen die Peseta nie ausgehen, so sorgsame Ärzte halten, der Arme ist überall schlecht daran; das ist das Traurige an der Ge= schichte.

Die drei Warnungen.
Nach J. Haltrich.

1. Ein wohlthätiger Mann besuchte einst eine arme Witwe, um ihr Nahrungsmittel zu bringen. Da begegnete ihm der Tod und sprach zu ihm, er wolle ihn zum Lohne für seine Nächstenliebe dreimal warnen, ehe er ihn von dieser Erde abrufe.

2. Nun war der Mann froh, aß und trank was ihm schmeckte und dachte gar nicht ans Sterben. Aber nach einigen Jahren sanken seine Kniee ein, sein Rücken krümmte sich und er mußte sich beim Gehen einer Krücke bedienen. Nicht lange darnach verlor er auch das Gesicht und dann das Gehör. Da erschien der Tod, um ihn abzuholen. Doch der Mann machte ihm Vorwürfe, daß er sein Wort nicht gehalten und ihn nicht vorher dreimal gewarnt habe. Nun sprach der Tod in gerechtem Zorn: „Wie, hätte ich dich nicht gewarnt? Klopfte ich dir nicht zuerst auf die [Knie], daß du krumm gehen mußtest? Legte ich dir denn [nicht] meinen Finger aufs Auge, daß du nicht sehen konntest, [und] zupfte ich dir nicht zuletzt am Ohr, daß du taub wurdest?"

3. Da bat der Mann demütig um Verzeihung, daß er die Warnungen nicht verstanden und sich noch nicht zum Sterben vorbereitet habe. Milde blickte ihn der Tod an [und] sprach: „Komm nur mit, ich will dir gnädig sein [und] dich von allen Übeln erlösen."

Das Erdbeben von Lissabon.

Müller.

1. Wie in London, so blühte der Handel vor dem Erdbeben in Lissabon. Auf sieben Hügeln prangte die Stadt, und wunderschön war sie vom Tajostrome anzuschauen. Von der Stadt aus sah man den glänzenden Wasserspiegel, auf dem die Segel seefahrender Nationen im Winde flatterten. Jenseit des Tajo breitete sich ein lachendes Land-

schaftsgemälde aus; in den gesegneten Fluren lagen glück=
liche Städte und wohlhabende Dörfer. Lissabon selbst war
von einer altertümlichen Mauer umringt, auf der sich
siebenundzwanzig Türme erhoben.

2. Von einem der höchsten Berge leuchtete eine Riesen=
burg, nach arabischer Weise erbaut, ins Thal hernieder.
Außer der prachtvollen Kathedralkirche zählte die Stadt
noch vierzig andere Kirchen; Mönchs= und Nonnenklöster,
Kapellen waren in verschiedenen Gegenden verteilt. Die
Lage des königlichen Palastes war überaus schön, denn
aus seinen Fenstern übersah man die vor Anker liegende
zahlreiche Flotte und die in dem mächtigen Hafen aus
allen Weltgegenden ankommenden oder dahin segelnden
Schiffe.

3. Aber Lissabons Herrlichkeit sollte untergehen und in
seinem alten Glanze nicht wieder auferstehen. Der erste
November des Jahres 1755 war für die Hauptstadt ein
Tag der Verwüstung und des Entsetzens. Tausende, die
sich am Morgen des Lebens noch freuten, waren erschlagen,
verbrannt, ertrunken, ehe der Abend graute; die prächtigsten
Paläste waren in Trümmern umhergestreut. Dies Erd=
beben zeigte sich in einer ungeheuren Ausbreitung und
wurde in Europa, Asien und Amerika verspürt. Aber am
härtesten sollte Lissabon heimgesucht werden.

4. Am Morgen des jammervollen Tages kündigte es
kein Zeichen in der Natur an, wie schrecklich der Abend
enden werde. Der Himmel war heiter, die Sonne glänzte,
es regte sich kein Lüftchen, und dem verderblichen Sturme
ging eine sichere Ruhe vorher. In andachtsvollen Gebeten
war die Volksmenge um die Altäre niedergesunken; eine
religiöse Feier durchdrang am Feste Allerheiligen die See=

len der Gläubigen, als sich etwa um zehn Uhr in den
Straßen ein donnerähnliches Rollen vernehmen ließ. Darauf folgte ein Stoß und ein Schwanken und Wogen des
Erdbodens. Mehr bedurfte es nicht, um Kirchen, Paläste
und Hütten in Schutthaufen zu verwandeln. Für Tausende waren die eingestürzten Wohnungen ein Grab geworden, wo sie unter Balken und Mauerwerk verschüttet
lagen.

5. Den Tumult, das Gedränge, das laute Geschrei und
Wehklagen, was die Tempel erfüllte, die das Erdbeben
noch verschont hatte, den raschen Übergang von der stillen
Andacht zu dem Todesschrecke kann ich euch nicht beschrei-
ben. Der erste Erdstoß warf das Haus der Inquisition
um, in dem viele Unschuldige gerichtet wurden, als ob
Gott diese Stätte ungerechter Grausamkeit vertilgen wollte.
Der königliche Palast mit allen seinen Kostbarkeiten war
verschwunden. Mit einem Schlage wurden alle Bewohner
in dem prächtigen Jesuiterkollegium getötet, als das Gebäude einstürzte.

6. Tausende hatten sich auf den öffentlichen Plätzen
versammelt und hofften da Rettung zu finden; aber sie
fanden sie nicht. Ein Hagel von Ziegeln, Balken und
großen Werkstücken fiel auf sie nieder, zerschlug und zerquetschte sie. Kinder, Greise und Kranke wurden in ihren
Wohnungen verschüttet; man konnte den Schutt nicht weg-
räumen, um zu ihnen zu kommen. Hinterher fand man
sie unversehrt, an der Qual des Hungertodes verschmachtet.
Noch andere eilten dem Tajo zu, um auf Kähnen und
Fahrzeugen das Leben zu retten; aber auch diese letzte Hoffnung ging ihnen verloren. Der Strom war, durch ein
unbegreifliches Wunder, zu einer Höhe von vierzig Fuß

gestiegen. Die noch verschonten Häuser und die Ruinen wurden überschwemmt.

7. Wie viele kamen in den Wogen um! Ein Damm, auf dem hundert Menschen standen, versank mit ihnen. Eben so plötzlich, als die Flut entstand, verschwand sie wieder. Die Schiffe standen auf schlammigem Boden. Boote wurden verschlungen; Felsen, die man sonst nie sah, ragten in die Höhe. Die See türmte sich auf, Wellen spritzten weißen Schaum in die Luft. Es schien, als ob der Boden, auf dem die Stadt stand, verschlungen werden sollte. Jetzt zeigte sich ein neuer Feind mit gräßlicher Zerstörungswut. Es entstand ein Orkan, der finstere Staubwolken in die Luft trieb und das Licht des Tages verdunkelte. „Sollte das jüngste Gericht angehen?" so fragten viele mit leichenblassem Gesichte, die dem Tode entronnen waren — sie zitterten.

8. Ein zweiter Erdstoß folgte, der mehrere Minuten anhielt. Häuser wankten wie die Bäume im Sturmwinde, mehrere fielen zusammen. Ein dritter Stoß war so erschütternd, daß man sich nicht auf den Beinen halten konnte, man mußte sich niederwerfen oder knieen. Hier, wie an die Erde gebunden, mußte man es abwarten, was die kommende Minute über Leben und Tod, über gesunde oder zerschlagene Glieder entscheiden werde. Der Sturm war der Vorbote einer Feuersbrunst, die er anwehte und schnell weiter verbreitete.

9. Ehe die Nacht anbrach, standen die Trümmer der zerstörten Stadt in Flammen, um den übrig gebliebenen Rest in Asche zu verwandeln. Wer konnte löschen? Wer wollte retten, was noch zu retten war? Niemand. Das Leben stand im höchsten Preise; für Irdisches wagte man

es nicht. Acht Tage wütete die alles verzehrende Flamme, und statt der turmreichen, mächtigen Stadt sah man Aschenhaufen, schwarz angelaufene, rußige Steinmassen.

10. Tausende seufzten nach Brot, um den quälenden Hunger zu stillen. Zahllose Thränen flossen um die vermißten Eltern, die entrissenen Kinder, Wohlthäter und Freunde. Ein anhaltender Regen und eine Kälte vergrößerten das Ungemach aller derer, die ohne Obdach unter freiem Himmel seufzten. Viele, die mit dem Leben davon gekommen waren, starben bald nachher an den Folgen des Hungers, der Erkältung, des Schrecks und der Angst. An vierzig tausend Menschen waren bei dem Erdbeben umgekommen.

Leidens Erdengang.

Carmen Sylva.

1. Das Leiden war ein schönes, schlankes Kind mit schwarzen Haaren, die sein bleiches Gesicht umrahmten. Die feinen Lippen waren fast immer geschlossen, die schwarzen Augen waren so todestraurig, daß niemand es ansehen konnte, ohne zu weinen. Das arme Kind hatte keine Heimat und wanderte von Ort zu Ort. Bald kehrte es in den Hütten der Armen ein, bald in den Palästen der Reichen. Es war so still und wehmütig, daß alle es aufnahmen; aber wer es ansah, der wurde von einem furchtbaren Weh befallen. Der eine verlor sein einzig Kind, der andere seine Ehre, sein Hab und Gut, der dritte wurde von seinen Feinden unschuldig verfolgt. Wieder einem anderen mißrieten alle seine Kinder und machten ihn vor

der Zeit ergrauen. Oder es kam Unfriede über die Ehe=
leute, oder einer von der Familie fiel auf das Kranken=
lager und stand in Jahren nicht wieder auf.

2. Die Leute sahen sich erstaunt an, woher ihnen so=
viel Ungemach käme, und wußten nicht, daß sie dem stillen,
blassen Leiden selbst die Thür geöffnet, es selbst an ihren
Tisch gerufen. Das arme Kind kehrte zuweilen desselben
Weges zurück und erfuhr dann, welche schrecklichen Gaben
es ausgestreut. Dann vermied es lange Zeit, die näm=
lichen Häuser zu besuchen. Doch hatte es einige Menschen
lieb gewonnen und verging vor Sehnsucht nach ihnen; es
merkte auch nicht immer, daß es sie zu oft besuchte. Da
kam dann Trübsal auf Trübsal über sie, bis das traurige
Kind den Wanderstab ergriff und ihnen mit schwerem Her=
zen und überströmenden Augen Lebewohl sagte.

3. Es ging so still des Weges, nicht hastig, nicht stür=
misch, und doch ging es schneller als der Bergstrom,
schneller als der Sturm und kehrte zuletzt bei allen Men=
schen ein. Das Schrecklichste war, wenn es sich zu Kindern
gesellte; die armen Kinder bekamen lange Krankheiten,
oder wurden gar Waisen, so daß ihre schönen Gesichtchen
eben so bleich und zart wurden, wie Leidens Gesicht, und
eben so trübe und traurig. Wenn Leiden das sah, dann
weinte es bitterlich und blickte lange Zeit kein Kind mehr
an; ja, es drehte den Kopf weg, wenn die Kinder
spielten.

4. Eines Tages lag es unter einem Apfelbaum und
sah, wie die kleinen Äpfel so prachtvolle rote Backen
hatten, daß man ganz fröhlich wurde, wenn man sie an=
schaute. „O lieber Apfelbaum!" rief das Leiden, „schenke
mir so schöne, rote Backen; man sähe mich dann viel lieber

an." „Nein," sprach der Apfelbaum, „hättest du schöne, rote Backen, dann würde man dich nicht mehr so mitleidig aufnehmen und beherbergen."

5. Traurig stand es auf und wanderte des Weges. Da kam es an einen Garten am Fluß; in dem war ein solches Vogelsingen, daß einem das Herz lachte. „O ihr lieben Vögel!" rief das Leiden, „schenkt mir euren lieblichen Gesang, daß ich die Menschen erfreue." „Nein, liebes Kind," zwitscherten die Vögel, „kämest du nicht so leise und gingest so stille, da würden die Menschen dich nicht so bald vergessen und anfangen zu merken, daß du das Leiden bist und Schmerzen bringst."

6. Weiter wanderte das arme Leiden und kam in einen hohen Wald. Der duftete so lieblich und es ging sich so weich auf dem dicken Moos unter den Bäumen. Hier und da stahlen sich die Sonnenstrahlen durch das flüsternde Laub und zitterten und tanzten auf dem Moos dahin und vergoldeten die welken Blätter. Es war eine Pracht! Das Kind lehnte sich müde an einen Baum. „Hier darf ich einkehren und bringe keine Schmerzen; hier darf ich ausruhen und keiner sieht sich krank an mir!"

7. Da kam ein Sonnenstrahl durch das Laub geschlüpft, sah die wunderschönen lichtlosen Augen, sprang hinein, erleuchtete sie hell und drang dem Leiden bis ins Herz. Und der ganze Wald sah das wunderbare Leuchten in dem zarten Mädchengesicht und rauschte auf vor Freude und Bewunderung. Das Leiden wußte aber nicht, daß es schöner geworden, sondern fühlte den Sonnenstrahl heiß und fröhlich in seinem Herzen zittern. „O lieber Wald!" rief es laut, „schenke mir einen einzigen deiner tausend Sonnenstrahlen, ich wäre glücklich!" Da wurde es mit

einem mal totenstille im Wald, die Bäume sahen einan=
der traurig an, der Sonnenstrahl entwich aus Leidens
Augen, streifte eine schimmernde Eidechse und versteckte sich
unter hohen Farnkräutern. „Du armes, armes Kind,"
sagte eine hohe Eiche, „ein einziger Sonnenstrahl machte
dich zu schön, die Menschen würden dich zu viel herbei=
rufen und dann müßten sie Schmerzen ertragen, weit
über ihre Kräfte. Du mußt ohne Glanz und Wärme
bleiben!"

8. Weiter ging die ruhelose Maid und kam an einen
großen, stillen See. Da rührte sich nichts; nur der Abend
schritt über das Wasser, er selbst ein Schatten, aber um
ihn her zogen rosige Streifen durch den See, und hier
und da fiel ein Stern hinein und hielt sich unbeweglich
auf der stillen Fläche. Leiden tauchte ihre zarte Hand in
den See und legte sie dann an ihre Stirn. Abend kam
auch an ihr vorbei und flüsterte: „Gute Nacht, schlaf
traumlos, vergiß dein Weh!" Sie sah ihm lange nach
und seufzte leise: „Einmal habe ich Ruhe gefunden, im
Wald; einmal mein Weh vergessen, mit dem Sonnenstrahl
im Herzen — das ist vorüber!" Im Traum verloren
schaute das Kind in den See; aus dem wehte es kühl und
in den Nebeln schwebten die Nixen darüber hin.

9. Da sah das Leiden ein rötliches Licht hineinfallen,
größer und feuriger als die Sterne, und fortglimmen durch
die Nacht. Wie es seine Augen erhob, merkte es, daß das
Licht aus einem Hause am See fiel; das war dicht mit
Epheu überwachsen, nur aus dem spitzbogigen Fenster, das
offen stand, fiel der Lichtschein. „Sonderbar," dachte das
Leiden, „hier bin ich noch nie eingekehrt, und doch wacht
dort jemand!"

10. Sie schlich zum Fenster; da saß eine wunderschöne Frau mit schneeweißen Haaren, in einem langen, weichen Gewand, mit einem feinen Tuch um den Kopf gelegt. Sie schrieb emsig in ein großes Buch, mit fester Hand, und fest und streng lag eine tiefe Furche zwischen den Brauen. Aber um die feinen Nasenflügel und Lippen lag es wie zarteste Weiblichkeit und edelste Herzensgüte. Das Leiden stand in Betrachtung verloren, da erhoben sich zwei wunderbare, graue Augen und sahen es so ruhig an; dann sagte eine tiefe, klangreiche Stimme: „Komm nur herein, mein Kind, ich habe schon lange auf dich gewartet!" Erstaunt trat Leiden ein; das hatte es noch nie gehört. Mit einem mal umschlangen es weiche Arme, es ward auf den Schoß genommen und geküßt, und die wunderbare Frau sagte: „Liebes Leiden, du mußtest mich finden; ich durfte dich nicht suchen, denn ich komme niemals ungerufen. Ich bin die Mutter Geduld und sitze hier und horche und wache. Der See trägt mir die Stimmen aller derer zu, die mich rufen. Oft, oft bin ich auf deiner Spur gegangen, aber leider nicht immer!" Die Falte in der Stirn wurde tiefer. Leiden barg seinen Kopf an der mütterlichen Brust. „O geh doch immer mit mir!" bat es leise. „Nein, Kind: wenn du mich rufst, dann komme ich und wenn du müde bist, dann kehre bei mir ein; ich muß das Buch des Lebens schreiben, da habe ich viel zu thun."

11. Das arme kleine Leiden blieb die ganze Nacht bei der weisen Mutter und morgens wanderte es gestärkt hinaus. Da blühte und grünte die ganze Welt; es war Erntezeit. Leiden sah den Mohn und die Kornblumen an und dachte: „Ihr Armen! Jetzt blüht ihr so lustig und glänzt in der Sonne, und heute werdet ihr doch abgeschnitten."

12. Da stand ein herrliches Mädchen allein im Feld und mähte so rasch wie drei Männer. „Guten Morgen, blasses Lieschen!" rief sie schelmisch, „komm' und hilf mir!" Und damit sprang sie herzu und ihre Zöpfe flogen und die blauen Augen lachten wie der liebe Sonnenschein. „Wer bist du denn?" fragte sie erstaunt, als sie des Leidens dunkle Augen sah.

13. „Ich bin das Leiden und muß ewig wandern — und wer bist du?" „Ich bin die Arbeit, siehst du es denn nicht? Siehst du nicht, wie gesund ich bin und was für starke Arme ich habe?" Und damit nahm sie das Leiden wie ein Kind auf die Arme und lief mit ihm über das ganze Feld, und lachte und jobelte dazu. Über Leidens Gesicht war eine leichte Röte geflogen und es sagte lächelnd: „Geh' du mit mir! Ich darf niemals ruhen und bin doch oft so müde!" „Das geht nicht, Schwesterlieb; ich muß schlafen, um bei Tage wieder frisch zu sein. Ich bin aber auch an allen Orten, und muß lachen, und wenn immer ich deine Augen sehe, dann erstickt mir das Lachen da drinnen. Aber wenn du mich rufst, dann komme ich und bleibe zurück, wo du scheidest, um die Gesichter wieder hell zu machen."

14. Und weiter schritt das Leiden in den glitzernden Morgen hinein und durch die weite Welt. Geduld und Arbeit aber hielten Wort und wurden seine treuen Gefährten.

Die Siebenmeilenstiefel.

R. Baumbach.

1. Auf sandigem Pfad schritt ein müder Handwerks=
bursche durch den Wald. Um eine kurze Wegstrecke zu
ersparen, hatte er, dem Rat eines Bauern folgend, die
sichere Landstraße verlassen; nun irrte er bereits seit zwei
Stunden durch die Kiefern und der Wald wollte kein Ende
nehmen. Der Sand des Weges wurde immer tiefer, und
die Kniee des Wanderers immer müder.

2. Da kam durch das Holz ein kleiner Mann geschritten,
der einen Sack auf der Schulter trug. Der Handwerks=
bursche nahm den Hut ab und sprach: „Wie weit ist es
noch bis zur Stadt?"

3. „Nach der Stadt willst du?" fragte das Männlein.
„Die Stadt liegt dort." Und damit deutete es mit dem
Zeigefinger nach rechts.

4. „Schön Dank!" sprach der müde Bursch und schickte sich
zum Weitergehen an. Da vertrat ihm der Zwerg den
Weg und fragte: „Wie heißt du und was bist du?"

5. „Ich heiße Crispin und bin Schustergeselle," erwiderte
der Gefragte.

6. „Das trifft sich gut," rief das Männlein erfreut.
„Komm mit mir. Ich will dir Herberge und Arbeit geben.
Willst du?"

7. „Gern," erwiderte der Gesell, und dann gingen sie
zusammen in den Wald hinein. Nach kurzer Zeit kamen
sie an eine Lichtung, auf der ein kleines Häuschen stand.
Aus dem Schlot wirbelte blauer Rauch.

8. „Wir sind daheim," sprach der kleine Mann. „Tritt
näher, Freund Crispin, und fürchte dich nicht, wenn du
Seltsames siehst."

9. Die Thür ward aufgethan. An einem Tische saßen sechs graubärtige Zwerge um eine dampfende Schüssel herum; ein siebenter Stuhl aber stand leer. Die Männlein sprangen auf und begrüßten die Ankommenden.

10. „Das sind meine Brüder," erklärte der Kleine. „Wir schmelzen das Eis in den Bergen, kochen das Salz und schleifen die Edelsteine. Aber bei unseren Berg- und Höhlenwanderungen leidet unser Schuhwerk und ein tüchtiger Schuster hat uns längst gefehlt. Bleibe ein paar Tage bei uns und besohle uns die Schühlein; es soll dein Schade nicht sein. Jetzt aber komm und iß mit uns!"

11. Das ließ sich der müde, hungrige Geselle nicht zweimal sagen. Er warf sein Felleisen in den Winkel, rückte einen Schemel an den Tisch und setzte sich zu den sieben Zwergen. Fleisch und Gemüse ward ihm reichlich zugemessen. Dann schleppten sie einen großen Krug herbei, aus dem floß kein Dünnbier, sondern ein Wein, wie der weitgereiste Schuster noch keinen getrunken hatte.

12. Es war ein fröhlicher Abend. Der Fremde mußte berichten, wie es draußen in der Welt aussehe, und dann erzählten die Männlein von einer Königstochter, weiß wie Schnee, rot wie Blut und schwarz wie Ebenholz, die vor langen Jahren dort bei ihnen gewohnt hatte. Der Schuster kannte die Geschichte bereits, denn seine Großmutter hatte sie ihm oft erzählt, aber um die Männlein nicht zu kränken, hörte er aufmerksam bis ans Ende. Dann ward ihm ein Bett angewiesen, und bevor er sein Abenteuer überdenken konnte, war er eingeschlafen.

13. Als Crispin am nächsten Morgen erwachte, lag in seiner Kammer ein Haufen zerrissener Schuhe. Leder, Pech und Draht waren auch vorhanden, und auf einem Tischlein

stand ein reichlicher Imbiß. Die Zwerge aber waren aus-
gegangen.

14. Er hockte zur Arbeit nieder und flickte und klopfte
bis Sonnenuntergang. Da kamen die sieben Männlein
zurück, und es begann wieder ein fröhliches Schmausen.
So ging es fort eine ganze Woche lang.

15. Am letzten Abend schaute der fleißige Geselle mit
Stolz auf eine lange Reihe schwarzglänzender Schuhe, und
um ein Übriges zu thun, nähte er in der Nacht, während
die Zwerge schliefen, einem jeden einen herzförmigen Leder-
flecken auf das Höslein zum Schutz gegen das rauhe Ge-
stein, auf dem sie herumrutschten.

16. Mit gerührten Blicken betrachteten die Zwerge am
andern Morgen das Werk der Liebe, dann steckten sie die
Köpfe zusammen. Crispin, der Schuster, nahm sein Felleisen
auf den Rücken und sprach seinen Scheidegruß. Dankend
drückten ihm die Wichtlein die Hand; der aber, welcher ihn
hierher geführt, schulterte seinen Sack und begleitete den Gast.
„Ich will dich auf den rechten Weg bringen,“ sagte er.

17. Als sie aus dem Haus traten, war die Welt in
grauen Nebel gehüllt. Sie gingen eine Weile schweigend
nebeneinander her, dann hielt der Zwerg an, löste das
Band seines Sackes und entnahm demselben zwei alte Stiefel.

18. „Das soll dein Lohn sein,“ sprach er zu dem
Schuster. „Verachte das Geschenk nicht,“ setzte er hinzu,
als er sah, wie der Bursch den Mund verzog. „Die
Stiefel sind ein Erbstück unseres Ahnherrn, des weltbe-
rühmten Däumling, von dem du sicherlich schon gehört hast.“

19. „Die Stiefel des kleinen Däumling,“ rief der Schuster freudig aus, „die Siebenmeilenstiefel?“

20. „So ist es,“ erwiderte der Zwerg. „Da nimm
sie hin und brauche sie zu deinem Glück. Leb' wohl!“

21. Der Zwerg war verschwunden, der Nebel war plötzlich verweht, und Crispin stand auf der sonnbeglänzten,
von Pappeln umsäumten Landstraße. In der Hand hielt
er die Siebenmeilenstiefel.

22. „Das soll ein Leben werden!" jubelte er und setzte
sich auf einen Steinhaufen, um die Wunderstiefel sogleich
anzuziehen. „Nun marschiere ich zuerst ins Goldland,"
sprach er zu sich selbst, „und fülle mir alle Taschen mit
Goldsand; das Weitere wird sich dann finden."

23. Schon hatte er sich seiner Wanderschuhe entledigt,
da ließ er plötzlich die Arme sinken und sah nachdenklich
vor sich nieder. „Wenn mir nur einer sagen wollte, wo
das Goldland liegt." Er reckte den Hals und drehte ihn
hin und her, aber nirgends war ein buntgestreifter Weg-
weiser zu sehen, der mit dem Arm nach dem Goldland
gezeigt hätte. Crispin kratzte sich hinter dem Ohr. „So
aufs Geratewohl in die Welt hineinzulaufen," dachte er,
„das wäre thöricht. Am Ende käm ich statt ins Goldland zu den Menschenfressern. Und an Reisegeld fehlt
mir's auch. Es wird am besten sein, wenn ich mich in
der nächsten Stadt nach Arbeit umsehe und mich nebenher
auf eine große Reise gehörig vorbereite."

24. Das war vernünftig gedacht. Er packte die Siebenmeilenstiefel auf sein Felleisen, schwang den knotigen Stock
und wanderte mutig weiter.

25. Es war ein sonniger Morgen. Auf den Wiesen,
durch welche die Straße führte, schwangen die Mähder
ihre Sensen, und Mägde mit roten Kopftüchern wandten
das Heu mit dem Rechen.

26. „Demnächst ziehe ich durch die heißen Länder,"
sprach der Schuster, „durch die Pflanzungen, wo die Mohren
Zuckerrohr schneiden und Kaffeebohnen von den Bäumen

schütteln. Ja, ihr alten Pappeln, ihr werdet mich nicht
lange mehr zwischen euch wandern sehen. In ein paar
Wochen gehe ich unter Palmen spazieren und schlage mir
Kokusnüsse mit dem Stock ab, und statt der Sperlinge und
Goldammern sitzen Papageien und Kakadus im Laub, und
Affen und Meerkatzen werfen mir Kußhände zu. Kommt
dann des Weges ein Löwe oder ein Tiger, der mich fressen
will, eins, zwei, drei bin ich über alle Berge und lache
die Bestie aus. Nein, so gut wie ich hat's doch kein
Mensch auf der Welt."

27. Gegen Mittag kam der glückliche Schuster in die Stadt
und fand sofort Arbeit. Von seinem ersten Lohn kaufte er sich
bei einem Trödler eine Karte, auf der alle Länder der Welt
dargestellt waren, und dazu ein altes Buch, welches von
seltsamen Reisen zu Wasser und zu Land handelte. Wenn
dann am Feierabend die andern Gesellen in das Wirtshaus gingen, saß Crispin in seiner Kammer und studierte.

28. Dem Meister aber gefiel des fleißigen Gesellen Thun
und Treiben, und an einem Sonntagnachmittag lud er ihn
zu einem Spaziergang ein. Das war eine große Ehre.
Zu dritt zogen sie zum Thore hinaus; die dritte Person
aber war Fräulein Anna, des Meisters schöne Tochter.

29. Nach wenigen Wochen aber nannte er die Meisterstoch-
ter seine liebe Braut. Aus der großen Weltreise konnte natür-
lich jetzt nichts werden, aber aufgeschoben ist nicht aufgehoben.

30. Bald war der Geselle verheiratet und mußte zur
Ernährung seiner Familie die Hände vom frühen Morgen
bis zum späten Abend fleißig rühren. Aber wenn er alsdann sein Schurzfell abgelegt hatte, nahm er die Land-
karte oder eine Reisebeschreibung vor. Die Siebenmeilenstiefel hütete er sorgfältig und erhielt das Leder durch
fleißiges Salben geschmeidig.

31. Die Kinder wuchsen heran und der älteste Sohn saß bereits als Meister auf dem dreibeinigen Stuhle des Vaters; da aber die Tochter noch nicht versorgt war, so mußte die große Reise auf unbestimmte Zeit verschoben werden. Geduld, Crispin, Geduld!

32. Wieder verstrich eine Reihe von Jahren. Meister Crispin trug ein schwarzes Samtkäppchen auf dem kahlen Scheitel, und Frau Anna fing an, von der guten, alten Zeit zu sprechen. Die Kinder waren versorgt und hielten die Eltern in Ehren. Sie hatten ihnen ein sonniges Stüblein hergerichtet, und dort saß der Alte den größten Teil des Tages im gepolsterten Großvaterstuhl und las in seinen Büchern.

33. An einem Sonntagnachmittag, als die Fensterscheiben in der Sonne blinkten, erhob sich Crispin von seinem Sitz und holte die Siebenmeilenstiefel aus dem Schranke. Er hatte einen stärkenden Mittagsschlaf gehalten und fühlte sich so leicht wie zur Zeit seiner fröhlichen Wanderjahre. Jetzt wollte er endlich seine Weltreise antreten, weil er aber Einsprache befürchten mußte, so wollte er sich ganz in der Stille fortmachen und die Sache den Seinigen schriftlich mitteilen.

34. Als er abends nicht zu Tisch kam, sprach Frau Anna: „Er wird über seinen Büchern eingeschlafen sein," und schickte das jüngste Enkelkind hinauf, um den Großvater zu wecken.

35. Plötzlich vernahmen die Zurückgebliebenen einen Schreckensruf, und als sie bestürzt in die Stube des Großvaters eilten, fanden sie ihn tot im Lehnstuhl sitzen. Auf dem Tisch aber stand mit Kreide geschrieben: „Ich habe die große Reise angetreten."